你的善良必须要有锋芒

心智成熟者的9个行事原则

How to Stop Making 9 Self-Sabotaging Mistakes

Too Nice for Your Own Good

[美] 杜克 · 罗宾逊 著
Duke Robinson
李艳 译

中国青年出版社

图书在版编目（CIP）数据

你的善良必须要有锋芒：心智成熟者的9个行事原则 / (美) 杜克·罗宾逊著；李艳译. -- 北京：中国青年出版社, 2025. 3. -- ISBN 978-7-5153-7633-2

Ⅰ. C912.11-49

中国国家版本馆CIP数据核字第2025PM3120号

你的善良必须要有锋芒：

心智成熟者的9个行事原则

作　　者：[美] 杜克·罗宾逊
译　　者：李　艳
策划编辑：丁　兴
责任编辑：于明丽
装帧设计：丁　兴
美术编辑：佟雪莹
出　　版：中国青年出版社
发　　行：北京中青文文化传媒有限公司
电　　话：010-65511272 / 65516873
公司网址：www.cyb.com.cn
购书网址：zqwts.tmall.com
印　　刷：大厂回族自治县益利印刷有限公司
版　　次：2025年3月第1版
印　　次：2025年3月第1次印刷
开　　本：880mm × 1230mm　1/32
字　　数：192千字
印　　张：10
京权图字：01-2024-3526
书　　号：ISBN978-7-5153-7633-2
定　　价：59.90元

中文版序

PREFACE

在我年轻时，作为一名成年人，在从事教学与咨询工作的过程中，我逐渐意识到“善良”所带给我们的种种困扰。于是，我开始搜集并整理相关洞见，探寻如何摆脱这种束缚，从而过上更加充实、自由的生活。

后来，我在这些洞见的基础上提炼出了一系列重要的原则，并结合自己数十年来对这些原则的理解与践行，最终促成了这本书的诞生。我写这本书，不仅是为了帮助那些因“善良”而感到困扰的人，也是为了唤醒那些尚未意识到这种“善良”正在伤害自己的人。我希望向读者展示，如何在解放自我的同时，依然保持对他人的尊重与善意，从而成长为心智成熟的成年人。

在20世纪90年代初，我开始动笔撰写这本书。这是我的第一本书，也是我随后7部作品的开端。我既是为自己而写，也是为他人而写，但从未想过它会被出版。机缘巧合之下，我结识了一位聪明且热情的文学代理人。她读了几章后，便将出版这本书视为自己的头等要务。在一个春天的周六早晨，通过电话拍卖，她成功吸引了多家知名出版社竞标。最终，华纳图书赢得了这场竞标。

华纳用了两年时间精心筹备这本书的出版。最终，它被翻译成13种语言，在全球发行。这本书出版之后，我欣喜地看到它在世界各地影响了无数人。最初，我曾担心这些理念和实践是否能被成长于不同文化背景下的人们所理解，尤其是在中东和远东地区。然而，出乎意料的是，这本书在韩国迅速引起了热烈反响。到了2024年，它在伊朗的销量也相当可观。虽然距离本书首次出版已过去了30年，但读者们依然愿意将它推荐给身边的人，这让我倍感欣慰，并让我更加坚信：我们既能真实而自由地做自己，又能保持内心的善良。

我无法为每个人的所有社交困扰都提供解决方案，包括我自己。这本书也并不完美，就像你我都不可能是完美的。然而，通过阅读这本书，你可以学会如何避免做出那些看似善良、却让自己感到不完整的行为——那些我们从小被教导去遵循的行为模式。我相信，这些实践不仅能帮助你摆脱束缚，还能为你带来满足与喜悦。但请记住，仅仅阅读这本书是不够的。要想真正实现成长与成熟，你必须下决心去践行其中的原则。最终，一切仍取决于你自己。

杜克 · 罗宾逊

2024年11月

TOO NICE
FOR YOUR OWN GOOD

目录

引　言

INTRODUCTION

有锋芒的善良

你为人善良，总是尽力满足他人的期望。你心甘情愿地为他们付出，却从不求回报。你总是小心翼翼，既不伤害他人的感情，也不勃然大怒。即使面对不理智者的攻击，你仍试图冷静地和对方讲道理。当朋友醉酒让你感到难堪时，你从未想过让对方难堪。你从不在奶奶面前提已故的爷爷，只为不让她伤心。毫无疑问，你确实是一个非常善良的人。

几十年前的某个深夜，我坐在办公室里，听一个善良的年轻人谈起他打算娶的那个女人。他爱她，心中从未有过伤害她的念头，而她却不断地向他索取，这让他很愤怒。每当他情绪激动时，他的行为不是让两人的关系更加恶化，就是让他觉得自己像变了个人一样。那一晚的大部分时间，他一直在纠结：是放弃这段关系，还是下决心做得更好？尽管他明白，无论他怎么努力，结果也未必会好。他为此陷入深深的困惑。然而，我对此也一筹莫展。

在回家的路上，我想起了其他一些善良的人的故事：一个寡妇，从不拒绝朋友的请求，结果把自己弄得心力交瘁；一个中年男人，对那些让他失望的人或提出让他为难的请求的人，无法坦诚相告；还有一个女人，始终无法让卧病在床的母亲满意，而且完全不知该如何与她沟通。

当我准备就寝时，我对这些人际关系的困境有了两点感悟。首先，我认为他们都是非常善良的人。他们聪明，带着各种善意，秉持正确的价值观，并且渴望让自己的人生充满意义。然而，他们的所作所为却在不断浪费自己的时间，损害自身的利益。其次，我突然意识到，这不就是我所做的事情吗？我也是这些善良的人中的一员。

在此之前，我就明白我极力想让他人觉得我是个善良的人，但有时我的某些行为并没有传达出我真正的善意。我从未意识到，“做一个善良的人”在多大程度上影响了我处理工作与人际关系的方式。于是，我开始认真审视这种缺乏原则的善良对我的生活所造成的负面影响。经过反思，我逐渐识别出自己的许多不当的行为：在本该拒绝的时候，我常常答应；明明自己很愤怒却假装平静，不愿向他人表达诉求，结果使自己与他人产生隔阂；因替我所关心之人的问题负责，自己一次又一次地产生挫败感。

一次印象深刻的谈话让我意识到了上述行为中的最后一种。我和几位心理医生、社会工作者以及同事，每周都会与一位著名精神科医生会面，反思我们作为职业救助人员的工作方式。在一次会议上，那位医生提到我们急急忙忙地奔去救助那些遇到问题的人，这种做法实际上对双方都有害处。他的这番话让我深受触动，我从未认真思考过这个问题。虽然我接受过教牧咨询训练，并积累了丰富的经验，但我一直以为在日常生活的正常交往中，善良的人，尤其是从事我这种职业的人，就应该竭力去救助每一个人。

我猛然意识到：**作为善良的人，我们一直在破坏自己的善意。**

我开始与同事和朋友探讨这些行为。很快，我们都承认，拒绝他人是多么痛苦，而这种痛苦不断驱使我们去迎合那些对我们很重要的人。我们分享了表达强烈情绪的困难，尤其是愤怒，以及这如何破坏了我们与自己所爱之人的沟通，而使我们彼此疏远。我们还探讨了在努力纠正他人过错或帮助他们解决问题时所遇到的阻力。

我对这些行为越来越好奇：它们从何而来？我们为何如此行事？它们为何如此具有破坏性？我们该如何停止破坏自己的善意，并改变行事方式？

我迫切渴望构建一套理论，并展开实践，以帮助自己和其他善良的人摆脱这种困境。因此，我回归心理学和行为科学的研究成果，借鉴一些具有深刻思想性的文献。通过这些研究以及向其他专业人士请教，我逐渐对善良的人可以采取的替代行为得出了一些有益的见解。

我在自己身上进行了测试，并将这些有效的方法引入我的讨论会和咨询课程。在过去的几十年中，这些替代行为证明了它们对我以及许多人大有助益。当我们愿意面对紧张的生活、被压抑的感受、对社交活动的恐惧，以及没能帮到他人的徒劳努力时，这些替代行为就显得尤为重要。它们不断地将我们从巨大的挫败感以及对自己的不满之中解脱出来。这些替代行为贯穿了本书的后续内容。

善良之人的种种错误

可悲而又讽刺的是，我们的善良有时会背叛我们。这可以说是生活对我们开的玩笑。我们渴望充分地利用生命，亲近那些对我们重要的人。每当帮助他人时，我们都会感到满足，内心充盈着善意。然而，每当我们按照自己曾被教导的友善方式说话和行动时，我们就会感到疲惫、不自信和挫败，即便几乎每个人都认为这样做是正常的。

在本书中，我将这些行为称为错误。这些行为并不像精神病、恐惧症或性格障碍那样严重、致命或隐秘。因此，我从心理层面审视这些行为时，并不是为人们提供心理治疗，也不是为复杂的内心冲突提供应急解决方案。我所关注的是我们这些满怀善意的人经常无意中做出的一些行为。这些行为虽然出发点是好的，却往往对我们的人际关系造成负面影响，使我们的生活失去光彩。它们日复一日地阻碍着我们前行，使我们陷入无尽的烦躁之中，还从我们极为重要的努力中窃取宝贵的时间和精力。我把这些错误归纳为九种，我们只要稍加了解并付出一些努力，完全可以避免继续犯这些错误。

正如你即将看到的那样，我并未刻意区分男性与女性在犯这些错误时有何不同。我知道，男性和女性在处理社交问题时通常会采取不同的方式，出发点也不尽相同。我也知道，男性和女性都有可能更容易犯其中某些错误。女性通常承受着更大的社会压力，人们期望女性表现出善良，而大多数人则认为男性的善良程度不如女性。然而，无论你是善良的女人还是善良的男人，你都有可能在各种人际关系中反复犯下这九种错误，并因此而伤害自己。

要想理解这些错误，首先需要深入剖析“善良”本身。

善良本身

父母怀着美好的愿望，教导我们要与兄弟姐妹和睦相处，广交朋友，长大后成为有修养并受社会认可的人。他们的目的并非要我们变成无趣的“老好人”，而是希望我们成为善解人意、彬彬有礼、乐于助人的人。换句话说，他们希望我们做个善良的人。因此，他们教导我们听从要求做事并把事情做好，要学会谦退而非出风头，并从帮助他人解决问题的过程中获得满足感。

随着我们逐渐长大成人，这些教导和善良的行为模式深深地根植于我们的内心。这些观念不仅决定了我们早期的行为，还形成了我们内心批评者的声音，成为我们无意识的“善良卫士”。即便到了今天，每当我们与他人接触时，脑海中还会冒出这些声音：

“任何值得做的事都值得做好。”

“永远不要拒绝朋友。”

“不要自私。”

“永远保持冷静。”

“要讲道理。”

“不说伤害他人的话。”

“帮助朋友解决问题。”

“为那些处于痛苦之中的人着想。”

“永远与人为善。”

我们的善良伤害了我们自己

一方面我们必须承认，善良并不总是对我们自身有害。善良意味着我们体恤他人的需求。心理学家告诉我们，体贴的人往往比自私的人更健康、更快乐。善良可以帮助我们避免受到指责、陷入难堪和遭到拒绝。每当我们待人友善，其他善良的人自然会认为我们是很好的人。另一方面，体贴和礼貌能为构建一个人道的社会奠定基础，使世界变得更加文明和温暖。善良甚至能激发人们的勇气，乃至做出英雄之举。因此，在许多方面，我们的友善行为对我们是有益的，而且我们也乐于思考这些友善行为所带来的积极影响。

然而，问题在于，这些友善行为也可能带来负面影响，并且代价往往超出我们的预期。第一种错误是追求完美，第二种错误是承担过多，二者相互关联，常常让我们身心俱疲，就像一艘因超载而即将倾覆的船。之所以从这两个错误开始讲，是因为：（1）它们是九种错误中最难避免的；（2）它们是其他错误的根源；（3）如果能克服这两种错误，我们就会有更多的精力去解决其他错误。

接下来的四种错误——不表达自己的诉求、压抑愤怒、和不理智的人讲理以及撒小谎——让我们因与自己的感受层面脱节，而在完整性方面付出实实在在的代价。感受是我们与他人互动的重要基础。但是，当我们的感受与善意无法协调时，比如我们渴望某样东西，对某人感到愤怒，抑或害怕失去掌控，我们便会压抑这些感受。实际上，我们在训练自己不去感受。有时，我们将这些感受埋藏得如此之深，以至于不知道它们的存在，或无法找出它们。如果它们突然爆发，或者我们意识到它们的存在，往往会发现自己难以承受其强烈程度。因此，我们在处理情绪时敷衍了事，往往无视、否认或隐藏自己的感受，甚至因深陷其中而焦虑不安，这主要源于我们的恐惧。正是对感受的恐惧常常束缚着我们，让我们假装没有感受到自己的真实状态。结果，我们无法体会到真正的亲密感，无论是与我们自己，还是与那些对我们重要的人。

最后三种错误——给别人提建议、拯救他人和保护处于悲痛中的人——实际上，这些行为往往无意中加剧了我们试图解决的问题。尽管我们渴望帮助他人，但这些行为往往让我们无意中控制对方。虽然这让我们感觉自己做了好事，但其实从一开始这些做法就是无效的。

我们要认识到，这九种行为最初都是为了获得认可、避免感受痛苦，以及帮助他人。最初的友善行为让我们感觉良好，然而，随着时间推移，它们变成了习惯行为，而我们往往忽略了其潜在的可怕后果。即便其中某些行为给我们带来巨大的困扰，我们也往往不会认为那是我们自己的问题。即使我们把这些行为视作自己的问题，忙碌的生活也让我们无暇思考如何停止重复这些行为。此外，在内心深处，我们并不清楚自己的行为。内心深处的恐惧让我们担心如果不再这样行事，自己或许就不再是一个善良的人了。

改变的必要性

善良的人一直受到一种出于好意但存在误导性的思维模式的塑造，认识到这一点至关重要。我们不必永远自怨自艾，也无须总是将问题归咎于父母，因为我们并不是遗传和早期家庭生活无助的受害者。认识到这一点也很重要。我们需要明白，这种误导并非只针对个体，而是一种普遍现象。更重要的是，我们可以通过具体的方法来避免重蹈覆辙。摒弃这九种错误行为之后，基于对自我的全新认识，我们可以重塑现在，改变未来。只需稍加领悟和努力，我们就能以更积极的方式来改变自己。

同样重要的是，我所讲的改变并不是要求我们不再与人为善。相反，这些改变要求我们肯定自己的善意和社会标准的价值，同时重新找回迷失的自我，并开始改变行事方式。这些改变需要我们在真诚中平衡善良。为了实现这些改变，我们必须学会：(1)以新的视角看待自己；(2)直接而敏感地处理我们的感受；(3)在帮助他人时，尊重他们的自由，并提供他们真正需要的帮助。为此，我们需要改变内心深处一直秉持的观念。这意味着，我们必须敢于不遵从父母灌输给我们的观念。

本书将如何帮助你

在每章中，我都会描述善良的人会犯的一种错误，然后阐明我们犯这种错误的原因，以及杜绝这种错误的重要性。仅仅弄明白这些错误是不够的。因此，针对每种错误行为，你还会看到一种积极的替代行为。每章都为你展示如何摒弃旧的行为方式，以及如何采用新的行为方式。尽管书中的见解听起来正确且有用，但最终要由你自己决定是否采用。要想将这些理念落实到生活中，只能靠你自己。

本书假定我们在无数的日常社交互动中都会犯这些错误，这些互动往往具有复杂性、不可预见性和社交风险。因此，每种替代行为都包含一系列具体的步骤，从而形成一个动态的、相对开放的过程。你可以灵活地选择何时、如何，以及按何种顺序采取这些步骤。例如，你不必总是从第一步开始，有时可以跳过某些步骤，这取决于你何时进入这种情境及其严重程度。掌握这些步骤之后，你就能在各种情境中做出适当的反应。通过学习这些技巧，我们每个人都可以：

- 摆脱他人的期望所带来的束缚。
- 在适当的时候表达拒绝，而不让自己承担过多。
- 明确表达自己的诉求，并让其真正得到满足。
- 以有助于修复和维系关系的方式表达愤怒。
- 有效回应他人的无理批评或攻击。
- 对让我们失望的朋友，坦诚相告。
- 在不干预他人生活的前提下，给予他们关心。
- 帮助有自毁倾向的朋友和亲人回归正轨。
- 感到自己有能力为处于悲痛中的人提供支持。

你可以做出改变。通过书中的故事，你会发现我也经历了改变。改变并不总是一蹴而就的，也不会立竿见影，而你也不会变得完美无缺。生活中依然会有意外的不快和持续的困扰，某些习惯可能伴随你的一生。然而，你会为自己的进步和改掉某些习惯而欣喜。当你成功解决那些曾让你倍感挫败的社交问题时，你会发现自己变得更有能力，与你关心的人更加亲近，以及可以真正有效地支持他人。

而且，你将仍然是一个善良的人。

你 的 善 良 必 须 要 有 锋 芒

原则 1

接受自己的不完美

话直戳要害。如今，这样的错误不会再像当初那样困扰我，但每当我回忆起那一刻，我还是能感受到当时内心的痛苦。

早年的我几乎没有意识到，自己有时为了追求完美而用力过猛。每当我无法忽视自己所承受的巨大压力时，往往会竭力选择对其视而不见。长期以来，我浪费了大量时间和精力，小心翼翼地维护着自己作为一个“善良的人”和“称职的专业人士”的声誉。直到几年以后，我才明白，接受自己的不足，接受自己的不完美，以及接受自己永远不会做到完美的事实，会让我感到多么轻松。

我们都清楚人无完人这一点。但作为善良的人，我们总是不断地感受到压力，迫使自己必须每一次都把事情做到尽善尽美。我们还要求某些专业人士在他们的工作中始终表现得无懈可击，比如飞行员、脑外科医生、桥梁建造者以及裁判员。虽然我们希望在每件事上都能做到完美，但我们更倾向于在我们所擅长或认为最重要的事情上全力以赴。因此，我们在完成和表现上的成功，不仅让我们感觉自己与众不同，还能让我们实现一些最高目标。我们因而往往感激完美主义为我们带来的一切。

但是，你已经在完美主义所带来的压力下生活了足够长的时间，因而知道它为你施加的重负。而且，具有讽刺意味的是，完美主义还经常给你周围的人带来困扰。你可能还没有完全弄明白自己为什么会陷入完美主义，抑或并不认为它毫无益处，不过你可能很清楚，如果你不再追求完美，你就会如释重负。

从社会性角度理解完美主义

要想不再追求完美，就要明白我们本就是社会性的存在，而完美主义是一种社会性问题。我们之所以具有社会性，是因为只有处在与他人的交往中，我们才能实现自己人格中的那些重要方面。诚然，我们都是独立的个体，但我们不可能在与他人隔绝的环境中实现自身的完整性。健康、真实的自我是社会中的自我。

将自己视为社会中的自我意味着要认识到，你最美好的时刻是与他人共处的时刻，包括一起完成任务、跳舞、参加团体活动、一起表演或者演奏、阅读他人写的书，以及参加野餐或者聚会。作为个体，你可以出于自己纯粹的满足感而去体验或完成某事。但是，要想让它具有完整的意义，你就必须与他人分享。当你望着你所见过的最美的日落时，你一定会将眼前的美景告诉家人和朋友。当你获得奖励、拿下一年中最大的一笔订单、击出全垒打，或烤出一个漂亮的蓝莓派时，如果那些对你很重要的人对此一无所知，你就会感到孤独、不完整，甚至对他人不忠。

我们具有社会性还因为其他人寄居于我们的身上。你是一个动态的集合体，由所有以或积极或消极的方式，或直接或间接地影响过你的生活的人组成。无论他们活着还是已经不在了，他们都会通过持续影响你，以及你或有意或无意地记起他们，而存在于你身上。

我们具有社会性还因为我们并不是自己创造了自己，而是我们的家人、朋友，乃至整个世界教会了我们成为人，教会我们思考、创造、使用语言，并提升我们作为社会成员天生具备的技能。他们还赋予我们评判人类价值观、行为和成就的标准。如果没有这些标准，我们根本无法构想我们应该对自己抱有怎样的期望。

这就是完美主义的根源：我们追求完美以符合他人为我们设定的标准，而他们使我们通过人际关系来完善我们的生活，他们通过对我们施加影响而寄居于我们身上，我们作为人与他们不可分割地联系在一起。归根结底，追求完美是一种无意识的社会性努力，通过迎合他人来迎合自己。

完美主义与社会认可

驱使我们追求完美的社会力量，是一种我们必须通过超越或转变才能摆脱的力量。这种力量源自我们对于获得认可的深切需求。由于我们一直以来被教导要与人为善，因而这种需求主导着我们每一个清醒的时刻，使得我们无论做什么，都渴望给那些对我们重要的人留下好印象，以获得他们的认可和支持。我们的教育强调的并不是获得自我认可，而是寻求社会的认可。每当我们得不到这种认可时，便会感到无比痛苦。

- 弗雷德在聚会上遇到他上司的三个朋友，还不到十秒钟他就忘记了他们的名字。在接下来的五分钟里，他拼命避开他们，以免让自己陷入尴尬。

- 珍妮弗在为丈夫的一大群下属准备晚餐之前，给十几家商店打电话，询问是否有便宜点的葡萄酒。晚餐后，她无意中听到一位客人对另一位客人低声说："现在没有人喝白仙粉黛这种酒了。"她顿时觉得天都塌了。

- 泰德为同事们认真地准备了一场演讲，尽管有几位同事表示受益匪浅，但他满脑子想的都是自己把开场的那段趣闻讲砸了，整整一周都无法释怀。

- 克莉奥喜欢上了一个新认识的男人。在得知他喜欢纤瘦的女孩后，她开始节食，每周六天拼命地做有氧运动，坚持了两个月。结果，一个朋友告诉她，那个男人正在和一个身材丰满的女孩约会。

心理学家指出，父母在我们渴望获得他人认可方面起到了首要作用。无论小时候他们如何对待我们，也无论我们在青春期如何激烈地与他们对抗，即使有一天他们已不在人世，我们仍然拼命地寻求他人的认可，以试图重温婴儿时期我们在他们怀抱中第一次受到珍视的那种情感联系。那些来自父母、老师、教练或我们最喜爱的叔叔对我们某些成就表示赞许的回忆，或许也驱使着我们寻求他人的认可。然而，如果童年记忆中充满了嘲笑和拒绝，甚至不切实际的期望和批评，我们可能会试图抹去埋藏在记忆中的那些痛苦，寻求我们从未拥有过的治愈性认可。

无论我们的早期经历是正面的还是负面的，我们都有的基本人类需求是想要知道自己作为一个人是受到认可的。遗憾的是，这种源自我们作为社会性动物的人际关系本质的天生渴望，却被我们受到的“善意”训练所加深和扭曲。结果，天性和善良这两大主导力量结合在一起，让我们心中产生一种焦虑，而这种焦虑很容易让我们追求完美，并让我们认为：只要我能迎合那些我所钦佩的人，他们就会认可我，如此一来，我就会幸福。

渴望得到认可是正常且可以理解的。但我们受到的“善意”训练让我们认为，想要获得他人的接纳和认可，就必须给那些对我们重要的人留下好印象。铭刻在我们心中的是那种模糊的、非常好的人的形象。我们认为社会和父母已经告诉我们，只有成为那种人，才能获得他人的认可与个人的成功。因此，我们不断努力向他人证明自己，以获得他们的接纳。然而，这种不懈的努力反而成了通往完整性和快乐的道路上最大的错误。

为什么完美主义是个错误

善良的人不会停下来审视关于完美主义的以下事实：

- 完美主义是一种对不可能完成之事愚蠢且徒劳的尝试。
- 完美主义制造过度焦虑，并将压力转化为痛苦。
- 完美主义让我们觉得似乎一旦出错就前功尽弃。
- 完美主义导致我们浪费宝贵的时间和精力。
- 完美主义阻碍亲密关系的培养。
- 完美主义使我们对那些我们极力迎合的对象心生怨恨。
- 完美主义可能导致各种严重的健康问题。
- 完美主义驱使我们做出永远不会让我们满足的行为。
- 完美主义使我们自我怀疑和过度自责。
- 完美主义让他人掌控我们的生活，而这对双方都不公平。

对于最后一点需要强调的是，我们的生活不应由他人来掌控，这既是我们的特权，也是我们的责任。尽管社会设立标准、他人表达意见是合理的，但我们不应让其定义我们的人生或支配我们的行为。当我们允许他人以拒绝和不认同的方式来控制我们时，我们就过多地放弃了自我，并使自己无法与他人建立真正的关系。

然而，我们要明确一点，即以自己的标准或社会的标准来衡量成就和追求卓越并没有错。**只有在以下情况下，追求完美才是错的：**

- 你一心只想着保持自己的社交形象不受损害。
- 你本身就没有能力或不适合去迎合他人的期待。
- 追求完美影响了你对每件小事的处理方式。
- 追求完美促使你为自己设定不切实际的标准。
- 完成任务所耗费的时间、精力、金钱或忧虑超过其本身的价值。
- 为了迎合那些不在乎你的人，你放弃了自己的成长。
- 失败和不认可剥夺了你通过付出努力理应获得的满足感。
- 你把宝贵的时间浪费在追求完美上，而非真正需要优先考虑的事情上。
- 追求完美让你违背了自己的价值观和理想。
- 你不得不用酒精或药物来掩盖对自身不足的感受。
- 你从不迎合自己或那些对你重要的人。
- 你对完美无休止的追求损害了自己的身心健康。
- 你最终对自己的所作所为感到厌恶。

你要明白，你有责任不再屈从于自己的完美主义。社会和某些人可能已经将他们的标准强加给你，但如果他们继续控制你的行为，那是因为你赋予了他们这种权力。而且，他人无法将你从完美主义中拯救出来，只有你自己才能做到这一点。

如何放弃追求完美

要想摆脱完美主义的束缚，你可以从你的决定权着手。这是你最宝贵的资源之一。你需要立即采取如下两个步骤：

第一步：认识到总是追求完美是个错误

只有认识到追求完美是一种错误，你才会想要做出改变。请对自己说：“**为了迎合他人而活是一个巨大的错误。**”反复说，不停思考，或者写下来，直到这种认识融入你的思维。

第二步：下定决心不再犯这个错误

这听起来很简单，但在真正下定决心不再做某事之前，你可能只停留在思考和理论层面。仅仅意识到完美主义是个错误还不够，你还需要打破这个习惯。因此，你必须下定决心不再继续这样做。虽然下决心本身并不等同于达到目标，但这是朝着正确方向迈出的至关重要的第一步。

一种替代迎合他人的行为方式

如果你已经下定决心不再追求完美，那么你现在必须找到一种替代的行为方式。你要立即明白，你不能从一味迎合他人突然变成一味迎合自己。这是另一种错误，另一种专横。你并不是在追求自由地做你想做的事情，**因为你渴望做的事情并非总是符合你的最大利益**。例如，你可能很想再吃一块松露巧克力，但你的最大利益是保持健康并减重7公斤。你真正需要寻求的是这样一种自由，它能够使你解脱以展现最好的自己，并服务于你最深层次的利益，从而使你避免重新陷入完美主义。**这种自由将让你能够决定何时追求完美，何时不去追求；何时全力以赴，何时从容不迫；何时做你需要做的事情，即便他人并不喜欢**。

这才是真正的自由。

这种自由基于你对现实的理解，而这种理解与你的善良和完美主义所依据的对现实的理解大相径庭。因此，要想体验这种自由，你必须摒弃自己最初被灌输的观念，以换取能反映你的基本社会属性的事实，并让自己摆脱那种强烈想要迎合他人的需求。正如文艺复兴时期的地平论者不得不以完全不同的方式重新认识地球一样，善良的人如果想要真正活得自由且完整，就必须接受与他们童年阶段所被灌输的人生观截然不同的新观念。关键在于你所奉行的观念会影响你的生活方式：这些观念之所以重要是因为如果它们符合现实，它们就能使你自由。因此，**归根结底，自由不是你偶然获得的，也不是他人赐予的，而是你用心主张、培养和保护的东西**。

当然，仅仅知晓重要的真理本身并不能带来个人的自由和转变，我们还需要忠于真理。当你不仅知晓那些对你的个人幸福至关重要的真理，而且采取与这些真理相符的行动时，你才会真正感受到自由。你之所以践行这些承诺是因为你将它们视为不可违背的生活准则。即使你知道遵守这些准则可能不会为你带来即时的快乐，但你深信遵守这些准则会让你变得更加充实，否则就是对自己的背叛。同时，你也知道任何专横的权威都无法强迫你遵守这些准则，你必须自己选择这样做。

这个完美主义的替代方案之所以值得接受，是因为它可以让你自由地为自己最深层的利益服务，但它需要你忠于以下三个基本认识：

1. 相互依赖心理

在童年时期，依赖是将我们与其他一切联系在一起的内在动力。我们差不多事事都要依赖父母、家人、邻居、学校，乃至更大的群体，我们完全依靠他们才得以生存下来。在青少年时期，我们从成年人的权威，尤其是父母的权威中挣脱出来，试图独立，试图一切都靠自己。在心理上，我们从一个极端转向另一个极端。理想情况是，我们步入成年之后，告别童年时期的依赖和青少年时期的独立，走向相互依赖的中间状态，以实现依赖和独立的平衡，这意味着成熟和完整。

善良和完美主义都会让依赖心理持续存在。二者淡化了你的权利和能力，反而强化了他人对你的控制。二者剥夺了你应有的利益，并将其置于他人利益之下。二者将你的感受和心理健康交由他人掌控，而非由你自己主导。

然而，我所说的真正自由，是以你身为成年人的权利和成年人之间的相互依赖心理而生长。它基于这样一个事实，即旨在让你同时既依赖他人又独立于他人。这种互相依赖促使你与所有人（包括你自己）建立相互的、对等的和公平的关系，来肯定你的社会属性。因此，要想从完美主义中解脱出来，你必须经历从依赖转向相互依赖；你必须尊重自己，将自己视为一个自立自强，并且对自己的生活负责的成年人；同时认识到他人也能为你的生活做出贡献。**如果想要持续远离完美主义，你就必须学会以相互依赖的方式行事，培养成年人的心理模式。**

2. 公共利益的道德观

为公共利益而活的道德观曾为我们人类历史上的众多先贤所倡导。如今，在很多人的心目中，为个人利益而活的道德观似乎已取代了这种观念。相比之下，为公共利益而活的道德观要求你首先为周围的人和那些寄居于你内心的人服务。如此一来，每个人都可以受益，包括你自己。（我们后文会探讨维护自身利益的合理性。）

这种道德观建立在一个积极的悖论之上，即那些重要的、看似矛盾的观点，却出人意料地、令人愉快地被证明是正确的。该悖论如下：为所有人的利益而活，而非仅仅为了自己的利益而活，你就是为自己服务。例如，参与你所在社区的慈善活动，改善家庭经济困难学生的生活条件，这样你不仅创造了一个更温暖、更富有爱心的社区环境，还从与他人共同参与重要的事务中获得满足感。遵循这种道德观来安排你的生活，会让你更加充实，并有助于你实现完整性。

这种形式的自我牺牲会带来自我实现，这并不奇怪。它鼓励你忠于你在社会中需要成为的那个人，即真我。因此，只要你按照这种道德观生活，你就无须不停地努力达到他人不切实际的标准，也不必为自己无法达到这些标准而自责。相反，在更广阔的人类画卷上，你也是作画人，你为自己设定合理的期望。如果你的努力没有成效，你就会退而尝试采用另一种方法。通过经历，这种伦理观揭示了一个悖论，即**如果你试图迎合所有人，你就成了自己的奴隶。但如果你努力服务于每个人，包括你自己，你实际上解放了自己。**

恪守对公共利益的承诺是你与生俱来的伦理观，藉此你就能够充分展现你的社会属性。它与相互依赖心理相结合，为你提供所需的方向和社会支持，从而让你放下完美主义，并培养你一直以来追求的自由。此处还有一个必要的承诺：

3. 爱的法则

爱是人的生命中最主要、最原始的能量。它在我们诞生之前就已存在，并且它的存在使我们得以诞生。因为它是我们人性的决定性原则，只要我们能够并愿意接受爱、给予爱，我们就会成为完整的人。因此，我们必须为生而爱，为爱而生。有人曾这样说：爱是至高无上的价值观，使其他所有重要的价值观成为可能。事实上，正是爱让我们能够超越自己的不安全感，在世界上活得舒适且自在。

从本质上来讲，爱就是接纳。

那些爱你的人接受你本来的样子。他们期望你认为自己已经得到他们的接纳，即使你存在局限性、失败，以及你认为自身无法接受的一切。他们知道你并不完美，并且你需要超越现在的自己，但你不完美的事实并不能阻止他们接纳你。**爱让你获得无条件接纳。**

从爱这枚“硬币”的一面来看，我们得到的帮助并不是理所应当的。你在路上遇到汽车抛锚，一个陌生人过来帮助你，且不求答谢，这就是一种爱的行为。在一个新的岗位上，同事们接受你，且不要求你证明自己对他们的价值，这也是一种爱的表达。

从这枚硬币的另一面来看，爱会阻止你做出理应做出的判断。因此，如果有人爱你，他们不会因为你不完美、犯错误或者行为让人无法接受而拒绝你。你让他们失望，他们不会不假思索地让你做出补救；你冒犯他们，他们也不会报复你。

这种无条件的爱是完美的，因为：

- 你无法对它进行批评或改善，你难以想象还有什么比它更好。
- 它完美地接纳我们，无条件地接受我们本来的样子。
- 它充分肯定我们的价值，激励我们做到最好。
- 它将我们与他人完美地联系在一起，让我们和他人没有隔阂。
- 它创造希望、和平和喜悦，这是人类完美体验的基础。
- 就其本质而言，它坚持社会正义这一完美的人类伦理。

爱的完美性使其超越世界上其他一切有价值的东西。这也是我们在此关注的问题：**爱的接纳之完美可以将我们从时时刻刻追求完美的挣扎中解脱出来**。结合心理上的相互依赖和服务于公共利益的必要性，它让我们认识到自己作为社会性存在的本质，并为我们追求个人完整性的过程提供完美的基础、资源和指引。

如果无视这一法则，我们就会付出惨痛的代价。如果遵循这一法则，我们就能找到自己一直追寻的喜悦。

有条件接纳的局限性

正如我们所看到的，完美主义的核心问题在于我们对接纳的深切需求。由于我们从小就被教导要做一个善良的人，因而我们不自觉且无条件地接受了以下观点：（1）有条件接纳是生活法则；（2）我们必须尽力遵守这一法则。我们接受经历无尽的社交折磨，并且在某种程度上，付出一切。因此，我们始终都在努力做到完美，无时无刻不在追求那些成就的象征和接纳的标志：一个微笑、一句正面评价、一个拥抱、一阵掌声、一份书面表扬，以及一笔奖金等等。

有条件接纳有三种表现形式：(1) **可能接纳**，他人可能接纳你，也可能不接纳你；(2) **部分接纳**，他们接纳你的某些方面，而不接纳你的其他方面；(3) **暂时接纳**，他们在一段时间内接纳你，但不会永远接纳你。无论哪种形式，有条件接纳你的人都计算过你对他们的价值。无论他们怎么对你表达他们的友好，他们的意思无外乎：

- **只要你符合我的标准，我就会接纳你。**
- **只要你有让我喜欢的理由，我就会容忍你。**
- **只要你继续迎合我，我就会继续接纳你。**

我们必须承认，有条件接纳和社会期望都有其存在的理由。目标的达成决定了我们在教育、艺术、体育、政治以及职场等领域的成功：你无法把人们不愿意花钱买的艺术品卖出去；你的水平只取决于你在最近一场比赛中的表现；如果你在工作上表现平平就有可能被解雇。在这个竞争激烈的世界里，有条件契约以预期表现为基础，并以拒绝的威胁为支撑，它在调动我们积极性方面发挥着重要作用。

但是，有条件接纳在我们的生活中占据了不该有的位置，并且扮演了不相称的角色。它可以驱使我们做出高水平的表现，但它永远无法给予我们深深渴望的那种确定无疑的接纳。因此，我们要明白这一点，即**有条件接纳不配定义你是谁、主导你的人生、决定你对自己的看法，或指引你如何经营你所珍视的关系。**

你的确可以期望对自己的表现感到满意，并期望他人欣赏你的表现。但你不能指望以有条件接纳来实现你的人生，或为你带来内心的平静与喜悦。

那么，以什么来替代有条件接纳呢？

无条件的爱

爱要求我们不要总是试图迎合每一个人，以赢得他们的接纳，而是简单地接受我们已经受到接纳的事实。换言之，爱鼓励我们接受我们已受到接纳，最终接纳我们自己。作为完美主义者，无论我们表现得有多好，我们都会为自己是否为全世界所接纳而感到焦虑。我们对自己说，如果有人知道了我真实的样子……我们认为他们会否定和厌弃我们。但爱告诉我们，无论我们是什么样子，我们都是受到认可和接纳的。有了爱，没有人会遭到抛弃。如果我们决定像我们**已受到接纳**一样去生活，那么我们的不安全感和完美主义就会由一种不可剥夺的满足感所取代。

人类的生活以这样一种方式运作，即当我们确信自己已受到接纳，并且能够和愿意以同样的方式接纳自己和他人之时，我们不仅能让自己的内心平静下来，还能改变我们的内在品格和人际关系，让我们成为更完整的自己。无条件的爱所给予的信任，让我们成长为心智健全的成年人，并建立有意义的人际关系。

当你第一次意识到自己有人爱并接受自己已受到接纳时，你就知道自己已经与生命的真谛合而为一。无条件接纳为你提供了成为完整的人所需要的基础、自由和快乐。因此，当你以这种方式回应爱，你就不会再陷入完美主义的泥潭，也不需要在不自由和不如意的人际关系中挣扎。

但是，如何接受自己已受到接纳呢?

接受你已受到接纳

你要选择通过爱的视角来看待生活。换言之，你可以在生命的起点、中途和终点选择看到接纳，而不是惩罚性的评判和厌弃。你见过父母第一次抱着新出生的宝宝流下喜悦的泪水吗?要想接受你已受到接纳，你就要看到驱动这一切的爱以同样的方式拥抱着你，并且永远都不会放手。

为了聚焦于这个视角，你需要利用自己的观察和常识做出选择。换言之，你相信自己已经受到接纳就像你决定把地球看成圆的而非平的一样，你相信那不可否认的来自亲身经历的证据。就像你相信天文学家、地球仪制造者和世界旅行者对我们星球的看法一样，你相信自己的经验，相信历史上最受尊敬、最具影响力的声音所发出的一致见证，而它们都在诉说你最深层次的需求。它们告诉你，爱是让生活正常运转的动力。它们断言，只有你自己去接纳和践行无条件的爱，才能让你的灵性得到滋养、变得崇高、获得解脱和扩展，以及帮助你成为完整的人。当你在内心深处意识到自己已受到接纳时，你就会说："我明白了！"从那一刻起，你可能会选择以一种接纳和充满爱的态度来生活，而做出这一决定或许就如同张开双臂热情地迎接你所爱的人一样容易。

然而，经验告诉我们，接受你已经受到接纳的事实，这个简单的选择并不总是那么容易做出。在你的内心深处，你或许渴望爱所承诺的你已受到接纳的保证。你或许认同对自己最重要的是知道自己被爱、接受那份爱，然后去爱自己和他人。你为了迎合他人而殚精竭虑，又对一切产生疏离感，这都会让你感到难以忍受。但事实上，与此同时，奇怪的是，你也可能在抗拒选择接受你已受到接纳。如果情况是这样，无论出于什么原因，你做出选择的能力都将取决于你做出选择的勇气和意愿，以及对爱的认识。

那么，如何才能克服内心的抗拒，给予自己接纳自己的勇气，并让自己摆脱完美主义呢？

不配得到的宽恕

有人可能对你施予极大的恩惠，而你觉得自己不配接受。比如，可能你冒犯过的人原谅了你，并给你一个拥抱。这种行为所展现出的纯粹的美好或许能够使你摆脱束缚，不仅接受这一宽恕，而且接受更深层次和更广泛的宽恕，而这仅仅是宽恕的直接表现形式。

他人的接纳

那些对你很重要并受你仰慕的人可能会告诉你，他们接受你本来的样子。他们可能会表示，尽管你经常让他们失望，但他们很高兴你出现在他们的生活中。这些话可能不如一个热烈的拥抱那么有力，但它们仍然可以让你获得解脱。

绝望的感受

你可能因他人有条件的接纳而陷入绝境。你厌倦了试图证明自己，始终觉得自己不够好。你可能会在极度绝望的情况下，超越对接纳自己的抗拒，直视未知，冲破阻力去接纳自己，做出人们所说的放手一搏。

以上这些经历中的任何一种都可能为你带来接纳自己所需要的勇气。但是，如果从来没有人爱你呢？或者虽然你对自己的完美主义感到不满，但并没有到绝望的地步呢？假设你仍然抗拒改变呢？那么，什么才能让你无条件地接受你已受到接纳呢？

个人实验

在这种情况下，你需要主动做点什么，而不是寄望于意外收获。你可以这样做：与自己约定在两三个月里，练习接纳你认识的和遇到的每个人。换言之，在你愿意与他们交往之前，你不会要求他们通过任何形式的测试。你将践行无条件的爱。

这个实验的一个主要目的是看一看无条件接纳是否会让他人不再试图一直迎合你，从而让你们的关系变得真实。最后，你将尝试辨别有条件接纳和无条件接纳在效果上有何不同，以便在实验结束时，决定自己在日常生活中优先考虑哪种接纳。

当然，你会以与你期望建立的关系相匹配的方式与他人相处。换言之，这个实验并不要求你与每个人都建立很亲密的关系。例如，你在工作中给予新人的接纳在深度和广度上和你给予伴侣的爱有所不同。因此，虽然你会对每个人都敞开心扉，但你也会让他们每个人都明白你想要的关系的性质。

还需要注意的是，你不应该为了迎合他人或让他人喜欢你而立即接纳他人，否则你就又掉进了追求完美的陷阱。因此，你不该让任何人随意利用你。的确，如果你假定他人都心怀善意，并对他们的缺点和优点持开放态度，这容易使你遭到背叛。但是，无条件接纳他们并不是让他们利用你。因此，如果有人侮辱你，你该立即制止对方，包

选择的人，都是最自由、最快乐的。而且，他们当中心智成熟的人已经学会如何处理自己的不完美，从而使自己更加自由、快乐。

处理自己的不完美

假设你已选择接受你已受到接纳，但你仍然发现，带着缺点和失败生活在这个世界上很困难（换言之，你还没有完全接纳自己）。要想感受我所说的自由和快乐，关键在于接受自己仍存在不足的事实，并公开承认。羞于承认自己真实的一面，并且每天都拼命地掩盖自己的不完美，既没有必要，也毫无助益。

有人说，表现得不完美显而易见的好处在于你能给他人带来很多快乐。这又是一个悖论：**让他人看到你的不完美，你就可以让他们快乐；总是追求完美，你反而让自己想打动的人产生反感**。因此，我们的目标是追求卓越，只要适当达到一个令人满意的结果即可，同时记住你并不需要做到完美。

以下是一些帮助你接受自己不完美的方法。

先思考后承诺

不要盲目承担任何会带来重大影响的任务。行动之前，先停下来问一问自己："如果我做得不完美会怎样？""这个承诺值得花费多少时间和精力？"

告诉自己为追求完美所做的徒劳努力

当你花费过多的时间试图让某事变得完美时，你可以对自己说："我已经在这上面花了几个小时，而做这件事其实都不值得花20分钟。"或者问一问自己："为什么我要在这件事上花这么多时间？如果我做得不完美，最坏的结果是什么？我如何才能结束这件事，并接受它？"如果你能停下手头的工作，并像这样严厉地质问自己，这将有助于你掌控自己的时间。（我真希望自己年轻时就能够这样做，那时我花了太多的时间来处理一些无关紧要的事。）

别把自己太当回事，也别对自己太苛刻

我们往往高估他人对评价我们所表现出的兴趣。你有没有发现，当你为了给他人留下好印象而煞费苦心之时，他们往往根本没有注意到？事实上，他们正忙着思忖自己，担心自己在你面前的表现以及你对他们的看法。想想看：如果他们犯了错，并没什么大不了，你同情他们，并且不会就此不认可他们。实际上，你对他们比对自己宽容得多。我们需要接受这样一个事实，即你会犯错，和其他人一样，你偶尔会把事情搞砸。当你无法达到他人的期望时，生活也不会崩塌。而且，当你犯了错时，除非你严重侵害了他人或到了犯罪的程度，否则第二天这件事很可能根本不会有任何影响。

认同那些对你做出公允批评的人

批评让我们感到痛苦，因为它打破了我们努力为自己和他人构建

的完美形象。当你对爱的深切需求得到满足时，你可以放下这种完美形象，**彻底接纳不完美的自己。**因此，当邻居批评你在限速路段超速行驶时，你可以说："你说得没错，我开得太快了。"如果你有超速行驶的正当理由，可以讲出来，比如"我的孩子生了重病，要去医院！"但是，当你受到批评，并且这种批评是合理的时，那就直接承认，而不去辩解。

批评者：你又熬夜，明天你肯定会打不起精神。

你：没错，确实如此。

批评者：你看起来很邋遢，完全不在乎自己的形象。

你：我觉得你是对的，我确实不擅长保持整洁。

批评者：这样做真是太蠢了。

你：可不是嘛，一点儿也不聪明。

批评者：你真不该那样说。

你：我知道，我偶尔会说错话。

批评者：你要么在挖苦，要么在附和。

你：我是在附和。

你不再需要做到完美。你现在可以转移批评的力量并从中受益，这可能是你以前所无法做到的。

避开那些强求你做到完美的人

生活中，你随时可能遇到那些不停地批评你做得不够完美的人。如果他们坚持自己对你的期待，你可能需要结束这些关系。取而代之的是，你可以选择与那些能够激发你最好一面的人建立关系，那些人期望你做到最好，但不要求你事事都做到最好。

幸运的是，老师、上司、伴侣和其他对你很重要的人，通常只期望你的表现能与你们的关系相称，而不会期望你成为超人。他们希望你尽力而为，发挥潜力，满足现实的期望即可。

然而，如果你正在尽力做到最好，而他们并没有意识这一点，或者对你的评价有失公允，那么你就不必让他们得逞。你为了改掉追求完美的习惯已经有足够多的麻烦要去解决，可他们还要把你逼回追求完美的老路。你可以向那些不期望你做到完美的人讲清楚自己的需求。大多数人会在你直接与他们沟通时，倾听你的理由。如果他们对你很重要，还不断地对你施加不切实际的期望，你可以请他们与你一起找第三方来调解你们之间的争议。

践行三种最恰当的交往方式

1. 你的所作所为要与每一种关系类型相匹配。以恰当的方式对待你的伴侣、孩子、上司、同事、朋友以及熟人。（如果你的上司给你安排合适、合理的任务，那就去做。）当你满足关系中的合理期望时，你的行为就是恰如其分的。

2. **只要你把事情搞砸了就要道歉，并适时地做出补救。**如果由于你的一时疏忽，让朋友们陷入困境，你要向他们道歉。直视他们的眼睛，告诉他们你没有尽到责任，并为自己的所作所为感到后悔。如果你的所作所为让他人蒙受了经济损失，你要道歉并做出补偿。当对方接受你的道歉和补偿时，你就能消除你与他们之间的障碍，进而完全恢复你们的关系。如果你未能适时地道歉，事后才意识到这一点，那么你可以为自己的所作所为和未能及时承认而道歉。

3. **如果你的道歉遭到拒绝，告诉他们你希望你们之间的关系恢复正常，而他们的拒绝让你感到无力。**让他们知道你在乎他们。告诉他们你很重视他们，并且不知道自己还能做些什么来挽回。也许你无法挽回你们的关系，但你已经尽力了，你已经让自己的身段放得足够低了，并且你已经完全接受了你生活在一个不完美世界的事实。

我的这些方法会让你重新陷入令人崩溃的完美主义吗？不，恰恰相反。这些行为很容易做到，它们不会让你承受完美主义所带来的自毁性压力，并且通过接受你的不完美，它们还能抑制你总是试图追求完美的倾向。

一种全新的生活方式

你现在知道，自己不可能总是迎合他人，也许你已经决定不再尝试这样做。如果你接受了你已受到接纳，你将以更加务实的态度来对待自己的不完美。从现在开始，你将会：

- 在做出承诺之前仔细斟酌。
- 在试图追求完美时，严厉地质问自己。
- 不把自己太当回事，也不对自己太苛刻。
- 认同那些对你做出公允批评的人。
- 避开那些强求你做到完美的人。
- 践行三种最恰当的交往方式。

你可能依旧难以摆脱自己的完美主义倾向，但它们不会再控制你或让你感到挫败。你可以保持自己现实的高标准，但不用总是琢磨："我是否能让所有人都满意？"现在你可以问一问自己："我是否更加真实地做自己？"你仍然希望别人喜欢你。当你满足那些对你重要的人的合理期望时，这种感觉依然很好。有时候，你确实会付出巨大的精力去迎合他们。但现在，你能够以一种崭新的宽容态度来对待自己的不完美，不再承受无法接纳和得不到接纳的负担。

而且，你将仍然是一个善良的人。

你的善良必须要有锋芒

原则 2

不要让自己承担过多

本周的前三天，你用晚上的时间处理报税，写拖延已久的私人信件，还与朋友参加了一场为募捐而举行的步行马拉松活动。到了周四晚上，几周以来你第一次有几个小时的时间静下心来阅读那本你一直想读的小说。然而，当一个朋友打电话来请你帮忙做另一个社区项目时，你毫不犹豫地回答：“当然，我马上过去。”那天深夜，你带着一身疲惫，满心烦闷地爬上了床。

当我还年轻时，某年的一个晚上，我在出门散步时，试图吹口哨召唤我家的小狗雷德。然而，当我嘟起嘴唇时，却什么都没有发生。我尝试了好几次，但毫无效果，直到我注意到下巴和嘴唇感到麻木。由于我口哨一直吹得很好，因而出现这种情况让我从惊讶很快转变为担忧。几天后，在医生的诊室里，我接受了十几项测试，回答了一百多个问题，却并没有发现任何身体出了问题的迹象。最后，医生问我：“你平均每周工作多少小时？”我告诉他我不太清楚，可能非常多。他让我在接下来的三周内记录下工作时间，并安排我做一次复诊。三周后，我来复诊时，递给他一张纸条，上面写着每周68小时。他说："你无法吹口哨是你的神经系统发出的早期预警信号，表明你没有正确管理自己的生活。"

那天我明白了一个道理：虽然我们在做自己喜欢的事情时通常更健康，但无论我们的初衷有多好或承诺有多崇高，身体都承受不了过度劳累。于是那天晚上，我打电话辞去了两个委员会的职务，砍掉了日常工作中一些优先级别不高的事项，并立即将每周工作时间缩减到50～53小时。对当时只有30多岁，通勤只需几分钟的我来说，这样的工作量是合理的。果然，口哨声很快又响了起来。

无论我们是否意识到，长期承受过多的压力都会对我们造成伤害。压力迟早会让我们变得心神散乱、健忘，并容易出现睡眠障碍。我们变成了玩杂耍的人，抛起太多的球却难以接住；变成了两头都被点燃蜡烛，耗尽自己；变成了超载航行的船，摇摇欲坠，渐渐沉没。

我们往往无意中让善良束缚住自己：如果我们对他人的请求说"不"，我们会觉得自己自私，并感到内疚；而如果我们努力满足他人的每一个请求，源源不断的疲惫便会耗尽我们的精力、效率，以及对生活的享受。

当我们承担太多时，我们的内心深处还会产生愤怒情绪，只是我们被困在其中，没有想过而已。遗憾的是，我们不仅冲着那些向我们表达诉求的人发泄愤怒——这显然是不公平的——还会因为答应他们而对自己发泄愤怒。这不可避免地导致我们陷入抑郁。

这种后现代的内耗状态叫作“**倦怠**”。

作为生活在复杂且快节奏社会中的生命体，我们每天都在消耗精力，参与让生活更愉快、更刺激的各种活动。然而，这些活动也会耗尽我们的精力，并让我们处于持续的紧绷状态。为了缓解这种压力并恢复活力，我们吃东西、睡觉、锻炼、放松、休息、改变节奏，参与各种娱乐活动，还可能使用酒精、咖啡因之类的麻醉剂。但是，每当我们过度参与一些活动，却没有补充所消耗的精力时，我们就会有一种被掏空或抽干的感觉，而无法得到释放的压力就会转变为痛苦。就像我们试图追求完美一样，我们最终既无法过上充实且有意义的生活，也无法活得开心。

作为一个善良的人，你一直知道承担过多是自我挫败的行为。但你也相信这就是你应该做的。即使你渴望不再这样，你也不知道该怎么做，或者潜意识里认为自己做不到。因此，你的余生将一直面临倦怠的危险。虽然这可能不会让你感到安慰，但如果你经常因承担过多而受压力、抑郁和疲惫所困扰，你要知道不止你一个人如此。幸运的是，你可以采取一些措施来解决这个问题。你需要先弄明白自己为什么会深陷其中。

我们承担过多的目的

我们中有些人发现，为了在瞬息万变的世界中生存，今天我们有太多的事情要做。但当被问及为什么我们会让自己承担过多时，我们或许会表示这不仅仅是为了生存，而是为了比自己更重要的东西。我们渴望帮助朋友或改善我们所在的群体，抑或渴望为公共利益做出贡献。在意识层面上，这些都是崇高的目的，我们的初衷也是良好的。然而，我发现，即使是最好的初衷也无法保护我们免受倦怠的影响。每当我们让自己的生活超负荷运转时，实际上往往还有更多深层次的原因在起作用。

每当我们试图追求完美时，任何崇高的目的背后都隐藏着我们迫切希望被接纳的需求。正是这种没有表露的需求，往往驱使我们承担过多。**在追求完美**时，我们关注自身行动的**质量**：我那样做是否足够好或聪明？我是否给他们留下了好印象？**在承担过多**时，我们则关注自己所做事情的**数量**：我是否已经做得足够多？也许我**再多做一些**，就会让他们喜欢我。

当然，这种无休止的追求并无必要，因为我们已经被爱所接纳，而这种爱定义了做人的意义。我们要做的是接受我们已受到接纳，并生活在爱赋予我们的自由中。因此，如果你已经做到这一点，你就迈出了减轻追求完美和承担过多所带来的社交压力的重要一步。

我们承担过多的原因

在职业生涯早期，我总是在努力提升自己善良且能干的个人声誉。我由衷地渴望表现出色，并且通常能高效地完成任务。然而，我并没有意识到，我对给他人留下好印象的兴趣往往与为他们服务的初衷相冲突。教学时，我常常更关心来自学生的赞美，而不是从教学过程本身获得的满足感。为了不断获得学生的正面反馈，我在工作中的投入超出了合理的限度，浪费了许多时间和精力，使自己疲惫不堪，并且往往没有做好本来可以做好的工作。当医生告诉我，无法吹口哨是因为我承担过多造成的时，我这才意识到这样做的害处，也知道了我并没有意识到自己为什么这样做，以及希望从中获得什么。这一发现促使我进一步探究为什么善良的人会坚持犯这样的错误。

最终，我发现这两种错误——追求完美和承担过多——都基于两种普遍的误判。第一种误判是认为有条件接纳是生活的法则；第二种误判是认为没有人有理由欣赏我们本来的样子。这两种假设都导致了我们的自我怀疑和低自尊。善良的人显然在某种程度上都不自觉地接受了这两种假设。

自我怀疑和低自尊的种子通常在我们生命早期就已播下。在父母和其他成年人面前，我们是年幼的、没有经验的、弱小的、无知的，以及不自信的。虽然他们偶尔试图让我们觉得自己很特别，但他们常常向我们发出的信号是：我们的意见、感受和需求并不重要。他们可能明确地向我们表示，除非有人问我们，否则我们不应发言，并期望我们接受我们所获得的一切，以及听从我们被告知的一切。有时，他们甚至可能让我们觉得自己碍手碍脚。

作为孩子，天真的我们只能选择认可他们对我们在社会中的地位和重要性的评估。那些让我们感到羞愧的隐秘之事——那些我们小心翼翼地隐藏的事情——在我们心中显得格外重大。我们的外貌和身体缺陷也让我们很难正确地评价自己。至少在某些时候，我们大多数人会感到自己矮、胖、笨，甚至丑。因此，我们给自己的价值打出低分。我们缺乏安全感，尤其是当我们进入骚动的青少年时期，我们纠结于自己的失败和不太吸引人的外表，并将自己的不足与同龄人的长处进行比较，从而强化了这些偏低的自我评价。

由于我的出生日期靠后，我总是学校班级里年龄最小的男生。刚上学时，我最喜欢的是课间休息、午餐和体育课，而这并不会给老师们留下好印象。相比之下，更成熟的女生们似乎喜欢做作业，并且她们的成绩一直都很好。我在大多数科目上只能拿到C，不仅仅是因为我的玩耍时间比学习时间多，还因为我觉得自己比她们笨，对竞争感到恐惧，害怕进一步遭遇难堪。当我试图在操场上证明自己时，每一张成绩单都强化了我作为一个平庸学生的形象。直到大学三年级时，我才意识到我正按照对自己和过往经历的负面印象来生活，而没有发挥我的潜力。幸运的是，那时我也意识到我对自己和世界所亏欠的比我所能贡献的要多，于是我开始努力。我觉得我当时害怕被落下。

我们大多数人从小就被教导要与人为善。负面的自我形象伴随着我们成长，并定义了我们认为自己是什么样子，让其成为自我实现的预言，继续支配我们的生活。当我们意识到这种自我评判的力量时，我们就能开始明白为什么我们会承担过多：如果我们觉得自己低人一等、微不足道或没有价值，我们就会拼命证明自己不是这样的人；对我们渴望得到其认可的那些人，我们不但答应他们提出的每一个请求，而且尽管我们已经很忙，但也可能在他们提出诉求之前主动为他们做事。

转变你的低自我价值感

如果你接受了你已受到接纳，那么你选择这样做其实是基于一种肯定你的价值的现实观念。我们可以这样推论：如果我没有价值，那么我怎么会被无条件的爱所接纳？如果你感受过来自家人或朋友的无条件的爱，这种爱就可以作为一面镜子，让你感知到真实的自己。因此，这种观念给了你动力，抑或为你改变低自我价值感提供了一个良好的开端。

问题在于你可能会习惯性地继续保持你在童年时期形成的自我形

象，就像我一样。正如我们之前所看到的，儿时的我们仍然存在于我们内心深处，并且在很大程度上是我们现在自己的一部分。心理学家告诉我们，如果我们想要摆脱童年那些未得到满足的需求，成长为心智健全的成年人，我们必须理解、接纳并整合这个内心的孩子。构建积极自我形象的第一步是要注意，虽然我们明白为什么我们在童年时会贬低自己的价值，但作为成年人，这种做法既不合理，也没有必要。

传统上，成年人通常用以下三种观念来建构积极的自我形象：

1. **基于社会标准的成功。**这种观念认为，如果你在学校成绩优异，长相出众，是球队中的明星，赢得奖项，或者变得有钱有势，那么你就是有价值的。基于成功的价值是我们社会中最强大的驱动力之一。但是，就像与之相关的有条件接纳一样，根据这些定义得出的成功，存在一些问题：对于天赋较低、体弱或贫穷的人来说，这种价值感并不容易获得；只要你未能达到他人的标准，这种价值感随时有可能消失；它要求你不断地向他人和自己证明自己；并且它迫使你与他人不断竞争，总想做得更好，而这往往会导致过度付出。

2. **为公共利益服务。**这种观念认为，你的价值在于你为世人的需求做出贡献——提供住处、衣物、和平、智慧、正义、知识、医疗服务、美、交流、希望、环境恢复、商业、交通运输、自由以及爱——任何能够维持生命共同体的完整性和正常运转，并让生活变得有意义的东西。作为一种道德观，它引导并促使我们实现作为相互依赖的社会性动物的目标。从更深层次来看，这不仅仅是出于个人利益对财富和权力的追求，而是一个质的飞跃。

然而，第二种观念同样依赖于表现，因此它所提供的满足感可能会诱使我们承担过多。这一观念让我们认为，只有当我们极度忙碌、做超越自身能力的事、为他人牺牲，抑或在极端情况下遭受痛苦时，我们才是有价值的。因此，尽管我们要致力于为公共利益服务，而非单纯地追求个人在社会或物质层面上的成就，但我们也应时刻提醒自己，无论出于崇高还是自私的目的，我们都可能因过度投入而陷入倦怠。

3. 认可自己生而为人的价值。这一观念强调，作为人类的一员，你的重要性是毋庸置疑的，无须任何限定条件，也无论别人怎么说。这一观念将你视为一个充满创造性、可能性的动态中心：你能够吸收知识、发展技能，以及带来积极的改变；你有能力让他人和自己生活得更加充实，激发每一个与你接触的人最好的一面。**这种独特的观念肯定了你的价值，认为没有人能在你所处的特定时间和环境下，以你独特的天赋做出你所能做的有建设性的事情。**因此，这种观念抵消了你在童年时形成并且在成年后仍要忍受的负面自我形象。因为你是有价值的，所以你有权选择以对自己负责的方式使用自己的精力和时间，而不是承担过多。

诚然，我们很少发挥自己的潜质，也很少达到我们为自己设定的期望值，或达到我们评判别人的标准。无论我们怀着多大的善意，无知、误解、偏见、同龄人的压力和情感不成熟往往都让我们无法做到最好。过往的经验表明，遇到这些力量和某些险恶的情况，善良的人也可能行为不轨、滋生恶意、诉诸暴力，以及行事野蛮。然而，尽管我们存在种种阴暗面、缺点和数不清的矛盾，但你我仍然是值得尊重的神秘而奇妙的生物，而这种尊重首先来自我们对自己的尊重。当我们认可有人爱我们这一事实，从而抵消我们的低自我价值感时，我们就有能力创造出充满爱的关系和共同体。

当然，你值得被尊重不仅仅因为你的潜质，还因为你在生活中的实际表现。你已经意识到，**接受自己本来的样子，但又不能一成不变**，这一点很重要。你已经看到了**现实的自我**（此时此刻的你）与**真实的自我**（那个最理性、最自由、最完整以及最平衡的你）之间的差异，你正在努力弥合这一差距。你在自己的身体、智力、心理、情感、社交、道德、伦理以及灵性等方面投入了大量精力，努力让自己变得更加高效、成熟和快乐。例如，你正在阅读这本书，以提高自我认知和能力。

第三种观念的关键在于，即使你并不富有或出名，你也很重要，并且值得被尊重。无论你如何使用前两个观念，重要的是基于你是谁和你所能提供的，来形成一个正面的自我形象。**你可能并没有你想象**

中那么坚强、能干，但你也绝不像你认为的那样软弱、无能。这种全面而公允的评估可能不会立即消除你一直忍受的低自我形象，但这种评估会让你看到这个形象是多么扭曲，并开始替换它。这将为你建立品格和自信奠定基础，让你能够对自己负责，创造性地应对逆境。你还可以开始建立更健康的人际关系，因为你不仅尊重他人，也尊重自己，也因为你无须把自己置于他人之下。

关键在于以这种方式看待自己，可以让你自由地接受自己的不完美，并避免承担过多。实际上，**你不需要为了显得特别而本能地答应他人的请求，因为你会知道自己已经很特别了。**这也可以让你获得解脱，并对亲近的人说："在我的生命中，我将第一次欣赏我自己。我现在明白了，要想对你好我必须顾及我自己的需求，以节省我的时间和精力，而非承担过多。"

但是，假设你的自我价值感低，而且这种认识如此根深蒂固，以至于你无法——至少第一次尝试时未必能成功——做出这些积极的自我肯定。同样，并不只有你一个人这样，且不必感到绝望。你可以努力去改变。以下是三个有助于你做出改变的练习：

1. 列出自己的优点

不要只看自己当下的缺点、不足和失败，而是专注于自己的长处：你的机智、组织能力、热爱大自然、艺术或音乐天赋、社会关怀、诗性或科学思维、与孩子相处之道、工作效率、开朗性格、耐心、恪守公平、体贴周到、记忆力好，以及为他人着想，等等。如果你确实很难列出自己的长处，那就找亲近之人，让他们讲出从你身上看到的长处。反复把这份优点清单念给自己听。每天看一遍，坚持一个月。当你加深了对自身优点的认识时，你就可以认为自己有权利和责任在适当的时候表达拒绝。

2. 通过想象来练习拒绝

想一想你尊重的那些大忙人。想象自己身处他们的位置，礼貌地拒绝那些占用自己时间的请求。想象你可能很快会遇到类似情况，并听一听自己的拒绝。通过想象，多次演练这一场景，一次又一次地拒绝，并享受拒绝所带来的美妙感受。同时，让自己牢记，你已经想象过为了将来不至于感到后悔而避免答应他人的请求。试着像这样想象一周。或者，换一种方式，想象与自己经历相关的各种情况，注意自己在每种情况下的拒绝。然后尽情享受你日益增强的自尊。

3. 在现实生活中练习拒绝

下次，如果有人请求你去做令你感到一丝不舒服或犹豫的事情，你就可以说：“**抱歉，我得拒绝你了**。”在每种社交场合，都要有意识地让自己不必答应他人的每一个请求。拒绝是因为你要做的事已经够多了。拒绝是为了建立一种更健康的习惯模式，因为一次坚定的拒绝会帮助你开始打破总是答应的旧习惯。拒绝纯粹是为了开心，因为你最近已经承担过多，并且过得并不太开心。

要想保持高自我价值感，你不必贬低他人，而总把自己放在第一位，也不必在他人对你有所求时不假思索地拒绝。你只需适当地顾及自己，这就意味着只要你有更重要的事情要做，就要拒绝。无论是亲密关系还是商业关系，都需要你付出很多时间和精力，而你的时间和精力都是有限的。因此，当你为自己着想时，就要权衡各种投入，并与自己和他人就任何新任务进行深思熟虑的协商。

如果你接受你已受到接纳，并树立这样一种观念，即由于你是人，所以你有价值，你就有了一个起点来建立强大的自我意识。反过来，你也可以通过设想自己活得有价值，来让自己的生活更有效率，从而培养这种意识。你可以通过设定有价值的目标，制订实现目标的具体计划，以及精心安排来让生活实现平衡，从而提高生活的效率。

精心规划一种平衡的生活

如果你已经接纳自己，并通过对自己的正确认识提升了自我价值感，你应该发现，与过去相比，通过时间管理来平衡生活并没有那么难。当然，这或许仍然不是一件容易的事。如果你对该做什么毫无头绪，或者总是认为——并且会继续认为——你经营生活只需良好的意图和顺其自然，那么这对你来说尤为困难。很多人相信，如果你心怀善意，你的生活就会按部就班地运转。因此，在某种程度上，你可能因为对生活没有规划而承担过多，并因此而感到倦怠。如果是这样，你要知道，今天的生活规划并不是一种奢侈或业余的活动，而是一种必要的生存技能。的确，生活不仅仅是时间管理。但是，如果你不管理好自己的生活，你就无法获得在当今世界游刃有余地生存所必需的关键平衡。

平衡有两个维度，我以骑自行车为例对这两个维度加以说明。要保持直立，你必须在生活中的各种对立面的推拉之间控制住车把：过于理性/过于感性；太多/太少；太快/太慢；过于守旧/过于求新；过于谨慎/过于草率；过于严肃/过于幼稚；太大/太小；太热/太冷；太强/太弱……我们可以一直列下去。平衡要求你保留每一边的相当一部分，活在中间，成为一个**兼容并蓄**的人，而非那种**非此即彼**，总是倒向一边的人。

我们以用自行车杂技演员为例来理解平衡。想象一下，你骑着自行车，放开车把，让不同重量、大小和质地的物体悬在空中。让它们代表你正在消耗不同时间和精力进行的活动：刷牙、通勤、吃饭、工作、休息、做园艺、阅读、看六点钟新闻，以及支付账单，等等。你要做的是根据这些活动对你的重要程度，来分配应有的关注、时间和精力。

今天的生活就像骑着一辆自行车，在颠簸、崎岖的道路上来来去去，同时还要兼顾杂耍香蕉、气球和保龄球。无论你如何设法通过弯道和坑洼，有时你也会像其他人一样失去平衡，摔跟头。幸运的是，发生这种情况时，你可以站起来，重新开始，用力蹬自行车，尽快恢复平衡。但关键在于管理好你的每一天、每一周和每一个月，这样你才能在基本平衡的生活中前进。

那么，如何才能做到这一点呢？

你要处理好自己作为人的基本需求，包括与家人和朋友相处、有益的娱乐和工作、富有创造性的情绪表达、身体和精神的滋养、为公共利益服务、休息、锻炼、信息、智慧，以及规划。当你满足了这些基本需求时，你就为自己平衡的生活打下了坚实基础。

你还必须定期处理一些日常事务，虽然它们的优先级别低于基本需求，但也非常重要，比如办理银行业务、购买必需品、理发、保养汽车、为他人提供帮助，似乎也可以无穷无尽地列下去。

要让这些主要和次要事务实现有益的平衡，有三个关键点：（1）为自己的人生制订长远且有意义的目标；（2）对占用你时间和精力的请求，深思熟虑后再作回应；（3）有效地管理你有限的自由时间。尽可能设计自己的生活，这样你就不会随波逐流，也不会把所有时间都用来抵御生活向你抛来的种种挑战。如果这就是你想要的生活方式，你需要做到以下三点：

1. 制订长远且有意义的人生目标

这意味着你要确定自己想要达到的最终目标。找到你最大的热情所在，并确保在你的生活中给予其应有的重视。你的热情所在就是你的初心，也是你生命的源泉、动力和目标。它可以启动你的引擎，并让你始终朝着最高优先事项前进。

我们中的有些人很幸运，能够通过工作来发挥自己的热情，也就是把自己喜欢做的事与为谋生而做的事结合在一起。然而，我们中的其他人则必须接受一份并不称心如意的工作，要么为了让家人活得富足、开心而活，要么为了服务于特定的社会事业而活，要么为了试图给世界带来真正的改变而活。但是，无论我们把自己最大的热情投向何处，只要它有助于我们为公共利益做出贡献，让世界变得更美好，它就能为我们的生活提供有意义的目标和方向。

设定具体目标

为了始终不偏离这个方向，我们还必须设定具体的终身目标。有人提出过这样一条重要公理，即**如果你不知道自己想要去哪里，你可能会到达自己不想去的地方，而且你可能并不享受到达那里的过程。**这表明，活得漫无目的会让你漂泊不定，最终错过最美好的生活。缺乏长远目标会让你的生活没有重心，失去平衡，抑或缺乏判断如何在当下更好地生活的基本标准。这让你对自己的未来失去信心，因而让你在任何时候都分不清自己所要处理事务的轻重缓急。这种犹豫不决容易让你承担过多。

善良的人往往会忘记另一条基本公理，即**没有人应该带着遗憾回首过去**。这提醒我们，我们有责任、有能力去做我们需要做的事情，以体验完整性，而不应该错过它。我们有责任不违背自己的最大利益。换言之，既然知道了你会成为你所致力于成为的那个人，你就必须注意让自己立足于坚实的价值观之上。因此，不时停下来问一问自己：我真正的价值观是什么？我如何将它们充分展现出来？我余生需要做什么，又想要做什么？……我们需要问的不是自己能完成多少事，而是自己是否在追求健康而充满希望的理想。人生短暂且容易虚度。坦诚地回答这些问题有助于你开始接受生命有限这一现实，并焕发出前所未有的活力。

为了设定与自己的热情所在相一致的目标，为自己构想一个合适而令人满意的未来很重要。你的目标可能是获得新体验，成就一些非凡之事，或解决目前困扰你的难题。无论你的目标是什么，关键在于让你的愿景决定你的目标，让你充满活力并保持在正确的轨道上，以及让你能够跟踪自己的进度。你的愿景和目标越具体，你就越能清楚地选择你的优先事项，同时避免承担过多。

诚然，未来总是那么变幻莫测，而不受我们掌控。从这层意义来说，未来从来都不是真实的。而且，我们对自己可以活多久没有最终的控制权，甚至无法确定明天会发生什么。这也是我们现在经常听到有人说“活在当下”“过一天算一天”，而不是“寄希望于未来”的原因。但我并不是在讲活在未来，甚至不是在讲你真正的未来。你可以为自己设想一个足够理想的未来，以便为现在的你提供希望。**我所说的希望是指，当你拥有一个现实且令你满意的未来愿景时，你所体验到的积极力量。**这幅未来的图景不必完美，只需美好到让你有动力去迎接新的一天。在你实现自己的愿景和目标之前，它们就会为你目前的生活提供方向和能量。

规划你的未来

当你准备好为自己的人生设定目标时，你需要一个计划。在此之前，你需要先估算自己的预期寿命。目前，专家们普遍认为，女性的寿命约为85岁，男性的寿命约为80岁。在计算自己的预期寿命时，要综合考虑自己的健康状况、生活习惯、性格特质、心理状态、家族病史、支持系统、财务状况、退休前景、气候和地理环境，以及其他任何可能影响预期寿命的积极或消极因素。在上述大多数方面都显示出积极结果的女性有望活到90多岁。因此，一个40岁的健康女性可能会计算出自己还能再活50年，一个健康的男性可能再活40～45年。关键在于你要设定一个合理的预期寿命。

接下来，确定你生活中的重要方面，如家庭、朋友、收入、工作、住房、社区服务、娱乐、教育、旅行、退休以及爱好等。在一个笔记本的活页纸顶部写下每个方面的名称，每个方面占一页。

你可以从设定自己剩余的预期寿命开始（是60年、35年还是15年）。假设这个数字是35。在每个方面的第一页，写上“今年”。在每个方面的下一页，写上“2～5年”。从第三页开始，每一页标记一个时间段，分别是5～10年，10～15年，15～20年，20～25年，最后可能是25～35年。

现在，你有了一个笔记本，其内页基本上是空的，只有格线。这些格线跨越了你预期生活的基本方面和几个时间框架。现在，拿起铅笔，从代表你生命最后10年（从现在起25～35年）的那几页开始，回答这个问题：到我生命结束时，我想在这方面经历什么或完成什么？在这些页面上，你可以确定自己人生更大的长远目标。

一旦你在各个方面都尽力回答这个问题，就开始在每个方面逐一倒推时间。从20～25年开始，现在问自己：在这个时间段，我需要做什么，以确保我最终在这一方面实现自己的目标？

在每个方面，你都要逐步向当下推进，计算你在每个时间段需要做的事情，以便让自己最有可能实现最终的目标。最后，你会得出在接下来的12个月内（第一页“今年”）自己需要做的事情，以实现接下来的目标。然后，你可以根据你希望给予各个目标的最多关注、精力、时间以及金钱来为它们确定最高优先级别。

为了实现那些需要花费较多金钱的目标，你可以制订一个储蓄计划，以确定何时有能力拿出这笔钱。例如，假设在旅行方面，你想要去喜马拉雅山远足，乘火车前往加拿大的路易斯湖，参观巴黎卢浮宫，每年1月份到夏威夷毛伊岛或迈阿密度假，在印度泰姬陵前发出一声惊叹（这是我一直梦寐以求的），也许你还想探索撒哈拉沙漠的地理中心。将这些旅行项目列入你25～35年的旅行时间框架中，并估算费用。权衡每一次旅行对你的价值。如果某些旅行项目过于不切实际，或经济上难以承受，就将之删除并忘记（过多的幻想会为你带来过多的负担和遗憾，而这是你要想方设法避免的）。

将剩余的旅行费用与其他领域的收入和预计支出进行比较，去掉那些相对而言不太值得的旅行项目。然后，用铅笔将每次旅行分配到一个特定的时间段，并在前面的时间段内注明你需要为其攒多少钱。如果去参观泰姬陵具有高优先级别，但是费用令你望而却步，你可能不得不将之推迟，并努力攒钱。如果今年攒不到钱，你要确定可以开始攒钱的时间段，然后合理安排。

关键在于一旦你确定了具体的长远目标，这些目标就会影响你当下的生活方式。将它们写下来有助于你看清楚自己的目标，为你的生活指明方向，并帮助你避免把时间浪费在不那么重要的事情上。当然，你随时可以改变自己的目标。但确定目标并将其清晰地呈现在你的面前，有助于你评估自己当前的活动，从而去掉那些对你的未来毫无助益的活动。

当然，你控制不了一切，但你可以通过有价值的目标和合理的时间表，来管理生活中的重要方面。有了这种长远规划，你就可以从今天开始平衡自己的生活，让自己避免活得漫无目的、负担过重以及陷入倦怠。

2. 对占用你时间和精力的请求，先深思熟虑再回应

你不必立即答应

有人向你求助可能会让你颇感荣幸，并忍不住答应。为了规避有害的诱惑，你可以花点儿时间确定这个任务是否符合以下四个标准：（1）对公共利益或你长远的优先事项有利；（2）与你的能力相契合；（3）在兼顾其他承诺的情况下，你能够将之完成；（4）令你感到愉快。当然，有时你可能会答应去做自己并不喜欢做的事情，原因很简单，要么这件事很重要，必须完成；要么除了你，没人能完成；要么轮到你去做；要么它包含在你已经做出的更大承诺里。但通常情况下，你希望答应去做那些符合以上四个标准的事情。

如果你不再不假思索地答应他人的请求，而是让他们知道你在做什么，这可能会对你有帮助。你可以对他们说："我不想再通过满足别人对我的所有期望而让自己疲惫不堪。请体谅我的拒绝。我在努力做到实事求是和负责任。"向对方表明你新的意图，甚至有可能获得他们的支持。

无论什么时候，只要你做出的决定会直接影响他人，例如你的伴侣、好友或同事，你最好事先和他们商量一下。你不希望让他们左右你的生活，但他们对你来说很重要。尽管无论他们说什么，你可能最终都会做你认为自己需要做的事情，但如果你在做出决定之前征求他们的意见，他们就不会因遭到拒绝而对你心生怨恨。

你可以拒绝，同时赢得他人的尊重

当一个请求不满足前面四个标准时，拒绝其实对每一个人都有好处。这意味着你可以轻松地说："抱歉，我得拒绝你了。"此时，你应该为避免了使自己承担过多而自豪。如果你此前从未拒绝过他人，或许你会惊讶于这样做所带来的美妙感受。

当别人请求你做某事，而你拒绝对方时，通常情况下你无须向他们做出解释。但你也不必做出一副冷冰冰或漠不关心的样子。你可能想说："抱歉，我不打算那样做，因为……"而且，你还可以适当补充一句："如果我想到还有谁可以帮你的话，我会告诉你。"

当我的同事请求我做一件棘手的事时，我会说："抱歉，我得拒绝你了。过去，每当我答应承担过多的工作时，最终总是感到恼火，而且做得不好。所以，我不会再这样做了。"当我第一次说出类似的话时，我经常听到别人回应："我也应该这么做。"他们的敬佩和羡慕让我对工作的态度发生了改变。

和大多数夫妻一样，我和芭芭拉在家务上各有分工。我记得几年前我曾对她说过："我知道你希望我在周日完成那项家务，但周六我们已经有了安排。如果周日我再不放松一下，下周一我就应付不了。请你理解一下，我下周六再做。"我知道自己说得没错，无论她是否同意。要是她回答："好吧，下周六没问题。"这无异于锦上添花。

自尊是我们所有人寻求完整性的基本条件。值得注意的是，我们尊重那些适时拒绝的人，而非那些在不应该答应时答应的人。同样，当他人请求你去做你不该做的事而你拒绝对方时，他们依然会尊重你——即使他们本希望你答应——仅仅因为他们看到了你对自己的尊重。这一想法是让你在答应他人的请求可能对自己不利时拒绝，并让你以从他人和自己那里获得的尊重来充实自己。

你可以避免连锁反应

有些角色和责任相互重叠。在答应担任家长会主席之前，你最好先了解一下担任这个职务需要花费多少时间，而不能想当然地以为就是每个月召开一次会议。如果你不问清楚，而担任这个职务要求你每个月和校长交流两次，和小组委员会面，还要参加地区会议，那么你就让自己成了连锁反应的受害者。每当你被招募去做某事，最好先弄清此事对你有什么要求，并只在满足前面那四个标准的前提下你才答应。如果相关要求不断增加，你随时可以重新协商或请辞。

如果你承担了新的任务，你可以放弃其他任务

但你应该放弃哪项任务呢？问一问自己，哪项任务最不让我称心如意？哪项任务让我的付出大于回报？哪项任务我已经承担太久？一旦你有了答案，就尽快放弃那项任务。你的选择可能会影响那些对你很重要的人，所以你需要告诉他们。为了你的心理健康，你应该向他们坦诚相告。

同样，如果一项重要任务突然需要你付出更多，而你又想继续承担下去，那就放弃其他任务。短时间内，你可以给自己安排过多的任务，而不把压力转化为痛苦。但你不能理所当然地这样做。你的健康需要节制、适度和平衡，而这一切都基于你对自身能力极限的现实认知。

3. 有效管理时间

要想学会平衡生活，你需要自律和时间管理。我认识一位女士，她从当地图书馆借了一本关于时间管理的书，显然她欠缺自律和时间管理这两样东西。当她最终归还这本书的时候，已经过去了好几个月，而她并没有读过这本书。

你要做的是更好地管理自己为了生存所必需花费的时间，并最有效地利用你能自由支配的时间。没有人有权利或义务为你做这件事，只有你才应为你做事的方式而受到赞扬或指责。我们来看一看如何才

能做到这一点。

每天只有24小时。一般来说，你可能需要花费10个小时来吃饭、睡觉、梳洗和处理个人卫生。你可能还要花费10个小时（一周5天）用于工作（包括通勤、准备工作、自修和加班）。你还剩多少时间？周末的部分时间和每天大约4个小时醒着的时间，可以挤出来处理其他所有事务，如购物、做家务、保养汽车、陪伴家人、与朋友小聚、做社区服务、处理财务、娱乐，以及其他休闲活动。

要在短短几个小时里塞进这么多东西，这可太难了。因此，许多人面对生活就像一只被车头灯吓得一动不动的小鹿，或者像一辆在湿滑的赛道上打滑的赛车。你的目标是对自己的时间进行管理，而非受其掌控，抑或使之超出你的掌控范围。你的目标是完成你自主选定的优先事项中的一部分，而非试图将其全部完成，抑或面面俱到，以免耗尽自己的精力。即便是有价值和令人愉快的任务，倘若数量过多也会让我们筋疲力尽，导致我们什么都做不好。我们的时间是有限的，无论要做的事优先级别高还是低，我们都要避免使自己陷入疲惫不堪的状态。

要想管理好自由支配的时间，你需要做一些基本的选择，每天花几分钟时间来好好思考一下。以下方法可以让你从一个单纯的做事者变成一个高效的时间管理者。

设定每日优先事项

每天晚上，你可以列出一份待做事务清单，为第二天做好准备。这样你就可以安心入睡，而不必担心第二天早上的时间压力会让自己忘记重要的事务。如果你第二天有一个特定的问题需要解决，把它记下来，你的潜意识或许有可能在你睡觉时处理这个问题。许多这样做的人，往往早上醒来时，就已经有了解决方案。

关键在于优先安排**最重要的事务**，而非最容易、最有趣、最触手可及或只是看起来颇为紧急的事务。把截止日期和其他时间因素考虑在内，根据任务的重要性给它们编号。按照特定顺序，确定上午要完成的任务，如1、2、3，或许还有4。你可以把不那么紧急和重要的工作，如5～12，留到下午或第二天去做。

有些人把每天的任务按1、2或3（或a、b、c）来分组，其中1代表最重要的任务，或基于截止日期来确定的优先级别最高的任务。如果你选择这个方案，那么在彻底完成任务1之前，不要开始处理任务2；在彻底完成任务2之前，也不要处理任务3。一天过去，有可能任务2和3没有任何进展。如果是这样，重新设定它们第二天的编号，或者索性放弃。如果你发现你放弃的任务3相当重要，这就说明你想做的事情过多。

根据自己的选择，按照自己的节奏，来安排优先事项。**做得对往往比做得快更重要**。打电话、逛商场、开支票等相关事项可以串起来完成，以节约时间。也许最重要的是，在特定的时间，选择做最合适的事。

你不需要计划每一天的每一分钟，也不需要把自己的一生都花在做规划上。不过，当你以这些方式设定优先事项时，你就会感到压力没有那么大，并且在回顾每一天时，你都会觉得你已经尽你所能利用自己的时间了。

选择契合自己节奏的日程表

在记事本上，用一页来呈现一个月的计划，这有助于你以更广阔的视野提前规划；用一页来呈现一周的计划，这会让你不必在日程表上每天列一次任务。选择那个能给你最多支持和自由的日程表。

做好遇到意外情况的准备

有人会突然给你打电话；你的车会抛锚；卫生间会溢水；会议会超时；同事会生病；客户会迟到；你会偶遇一个老朋友……在当下的世界，延误、中断以及紧急情况已成为你生活的一部分。因此，你要在日常生活中留出一些空档，这里留出半小时，那里留出一小时。将它们标记为中断。这将有助于你应对意料之外的情况，从而更有效地掌控生活，从容应对生活，以及更加享受生活。

我曾经给一些专业人士上过这门课。两周后，一位学习过这门课的律师给我打来电话，表示他已经开始在每天的日程表上标记出4个半小时的中断，他以前从未体验过像这样掌控自己的生活。

预留更多时间以应对任务超时

想一想，有多少次，你完成一件事所花费的时间是你预期的两倍。我们需要接受自己完成任务的现实速度，而非某种理想速度，并预留更多时间以应对任务超时。

我曾经为一位母亲提供咨询，她答应担任女儿小学毕业典礼筹备委员会的主席。她估计，如果一切顺利，召开三次晚间会议才可以完成筹备工作。尽管她对未知因素感到焦虑，但她认为委员会成员可能不接受外出四个晚上。我问她，如果她安排三次会议，结果却需要四次，会出现什么情况。她说："我会感到有压力，而委员会成员会抱怨。"她决定请他们留出四个晚上。他们同意了。最后，大家只用了三个晚上就完成了筹备工作。她取消了第四个晚上的会议，这让每个人都很开心。她也认识到，在现实可行的最后期限内完成目标，比在有压力的期限内完成目标，更令人愉快。

委派任务

作为一个善良的人，你希望别人觉得你体贴且勤劳，而且你可能揽下了很多他人能处理的任务。然而，你并不需要承担所有力所能及的事。当你制订好日程表，并开始新的一天时，可以问一问自己：我可以把什么事交给别人去做？

提前安排

你需要时间休息、消遣、娱乐、恢复身心，也需要时间放慢脚步、品味生活、补充精力。如果你知道下个月需要花几天时间来阅读、逛街、看电影，或者什么都不做，现在就把这些时间段预留出来，并在日程表上标明各个时间段的具体用途。如此一来，当有人请求你做某事时，你就会看到时间上的冲突，并表示："抱歉，我那个时间刚好没空。"

以这些方式管理时间，有助于你平衡生活，让你过上愉快的生活，并让你不至于承担太多。

成为生活的主导者

现在，你意识到自己可以轻松愉快地处理各种事务。你也下定决心不再过度透支自己，并寻求家人和朋友的支持，以帮助你付诸行动。你还为自己的生活设定了长远目标。而且，从现在开始，当别人请求你付出时间和精力时，你将：

- 在答应他人的请求之前，先停下来想一想。
- 拒绝那些不适合你、那些你没有时间去做或者你不喜欢的任务。
- 只在明确别人对你有怎样的期望时，你才答应。

- 每当承担新的任务时，你可以选择放弃旧的任务。

你还将更有效地管理自己的时间，因为你将：

- 为每天要做的事情设定优先级别。
- 使用符合你的时间安排的日程表。
- 做好遇到意外情况的准备。
- 为每项任务安排充足的时间。
- 把能派出去的任务委派别人去做。
- 提前为自己安排好时间。

现在看一看我们本章开头设定的情形发生了怎样的变化：

本周的前三天，你用晚上的时间处理报税，写拖延已久的私人信件，并与朋友一起参加了一场步行马拉松。到周四晚上，几周以来，你第一次有两个小时的时间静下心来阅读那本你一直想读的小说。（现在，你会定期安排这样的时间。）因此，当朋友打电话来请你帮忙做另一个社区项目时，现在的问题是，你会怎么做。你将根据你们的关系、最近你为对方花了多少时间，以及你目前生活的平衡程度来给出答复。你很可能会说：“**抱歉，我刚好没空**。”然后蜷缩着身子继续读那本书。

如果你能管理好自己的生活，你就不会拖着疲惫不堪的身子，带着怒气上床睡觉，导致第二天起床时情绪低落、无精打采。这种情况的确可能会发生，你并不完美，还记得吗？但你不会总是试图做到完美，也不会承担太多，因为你不会把自我价值建立在总是迎合别人或自己完成了多少事情之上。相反，你会欣赏自己，掌控自己的生活，做出能够使自己为公共利益做出真正贡献的决定，从而使自己受益。

而且，你将仍然是一个善良的人。

你 的 善 良 必 须 要 有 锋 芒

原则 3

直接表达自己的诉求

朋友们打算为你筹备生日聚餐和娱乐活动。你本想去自己非常喜欢的餐厅享用一餐，然后观看一部自己期盼已久的新电影，但你顾虑花费过高或者他们对这部电影不感兴趣。因此，你选择什么也不说，让他们来决定。结果，他们却给了你一个“惊喜”。他们带你去吃汉堡，然后去打保龄球。然而，你正在努力成为素食主义者，并且讨厌打保龄球。因此，你的生日过得并不开心。最后，你不仅对朋友们感到恼火，还忍不住埋怨自己。

随着我的父亲年事渐高，他像其他上年纪的人一样开始反复讲述过去的一些笑话和故事。我曾多次听他讲一个关于格林先生的故事。格林先生在当地开了一家糖果店，孩子们放学回家的路上会在这里驻足流连。有一天，有传言说“格林老头”正在赠送酸味糖球。这对两个三年级的男孩来说，无疑是个好消息，他们决定去核实这个传言。等他们走进店里时，店主冲他们点头打了个招呼。然而，他们在装满五颜六色硬糖的大圆鱼缸前站了好一会儿，店主却一言不发。终于，其中一个男孩鼓起勇气，问是否可以给他一颗酸味糖球。“不行，”格林先生严肃地说，“那些主动要糖的孩子，我不给。”两个男孩愣在原地。过了几秒钟，另一个孩子开口说：“格林先生，我没有要糖啊！”格林先生低头看着他说：“是的，那是因为你并不想要。”

无论我父亲自己是否意识到，他的故事其实都揭示了我们这些善良的人在向他人表达诉求时，所面临的一种困境。我们担心，如果我们开口提出要求，对方会觉得我们是在逼迫他们，因而不会答应；如果我们不开口，他们又会以为我们并不需要。无论怎样，我们的诉求都无法得到满足。

我们每天都有正常、合理的诉求和愿望是他人可以满足的。但是，就在我们渴望最强烈且最有可能得到满足的时候，我们往往不去表达自己的诉求。我指的是当我们知道自己想要什么，当我们的愿望合情合理，并且我们可以立刻接触到那些能够满足我们愿望的人之时。即使我们平时善于表达，并且凭直觉知道，如果不大声说出来，就会错过一些重要的事情，但在某些社交情境中，我们的表达能力仍然会持续受阻，甚至完全丧失。我们通常在当时并未察觉到有什么阻碍了我们，也未能意识到沉默并不能有效地解决问题。即便我们意识到这一点，往往也要等到事后，才明白到底是哪里出了问题。

五种互动类型

有五种类型的社交互动会导致这种沉默。其中，有些是个人性质的，有些是商业性质的；有些是平淡无奇的，似乎无关紧要；而有些则对我们的个人福祉至关重要。所有这些互动类型都受制于某些力量，而这些力量令我们感到恐惧，变得软弱。

第一类：自己的诉求会让他人有所付出

生日那天，你不愿意让朋友为请你吃昂贵的晚餐而破费。抑或，你知道友善的邻居在商业区工作，距离你订购蛋糕的面包店很近。顺路把蛋糕带回来给你，对他来说是举手之劳。虽然你内心很希望请他帮这个忙，却又不想给他添麻烦。因此，你选择不开口请他帮忙，而是抽空开车往返一个半小时，亲自去取。

第二类：害怕自己的诉求会导致冲突

一想到惹他人发火，认为我们粗鲁，或者遭到拒绝和陷入难堪，就会让我们感到害怕。例如，你去别人家做客，如果主人正在吸烟，而你对烟味过敏，或者单纯讨厌他人吸烟，却不愿意或者不能开口要求对方不要吸烟。抑或，你在餐厅享用午餐时，邻桌有个孩子一直吵闹不休，让你和其他人都感到很心烦。你们可能都希望孩子的父母能做点什么（做什么都行，拜托），但大家都没有开口。

第三类：他人的过错由我们买单，或他们想利用我们

你请朋友吃饭，买单时服务员递来的账单似乎多收了几块钱。你内心变得紧张，不知道是她故意多收了，还是记错了。但作为一个善良的人，你既不想让她难堪，也不想让自己显得小气，因此并没多问，直接付了钱。抑或，你曾借钱给一个朋友，现在早已过了约定的还钱日期，他却只字不提还钱的事，而你也不知道该如何开口。

第四类：遇到不顾及他人感受的权威人士或蓄意冒犯的霸凌者

横行霸道的人和强势的权威人士都会让我们感到害怕。我们深信，与他们对抗不会带来任何好处。你可能希望上司不要再塞给你过多的任务，但你选择默默地咬牙承担。抑或，医生匆忙地给你开了药，而你觉得这些药对你毫无效果，但你终究什么也没说。

第五类：需要或渴望亲密关系

亲密关系有时会让人感到难堪，甚至痛苦。如果我们觉得自己被冷漠的伴侣忽视，尤其是这种状态已经持续多年，我们可能会觉得把这种问题说出来会很痛苦。抑或，我们可能无法与伴侣谈论自己的性需求。你们的性生活可能已变得如例行公事一般，你想要尝试一些新的东西，但在亲热时难以开口。

由于我们觉得无法直接表达我们的诉求，因而在上述任何一种互

动中，我们可能都会无意识地采取间接策略。我们可能试图控制相关的人，让他们感到内疚，并寄望于不用直接表达诉求，就能得到我们想要的东西。抑或，我们可能给出暗示，期望亲近之人能读懂我们的心思，并满足我们的诉求，尽管我们从未告诉他们自己的诉求是什么。如果他们未能自行领悟，我们甚至可能会对他们生气。无论采取何种交往策略，我们都只是间接行事，因为我们不敢自由地直接表达自己的诉求。

我并不是一个容易害羞的人，但直到很久之后，我才开始意识到直接表达自己的诉求有多么重要。我读过一些有关自我坚定的书[1]，而在此之前，我从未真正意识到自己在这方面有所欠缺。不知不觉中，我害怕冲突，害怕他人觉得我自私，害怕自己尴尬或让他人难堪。受到这些恐惧的驱使，我要么保持沉默，要么只是间接地表达自己的愿望。

不同社交圈中的问题

生活中，我们至少会经历五种关系圈，在这些关系圈里，我们往往无法表达自己的诉求，我们为自己的沉默付出了各种代价。

---

[1] 关于如何自我坚定的书有大卫·里秋（David Richo）的《如何做一个成年人》（*How to be An Adult*），该书已由中国青年出版社于2024年9月出版。——编者注

陌生人关系圈

这些人对我们个人来说意义不大，例如市中心大商场的店员、异地就餐时的服务员、街头擦肩而过的路人。作为善良的人，我们会对他们以礼相待，同时也期待获得同样的回应。通常情况下，我们不向他们表达自己的诉求并无问题。但如果他们试图拿走属于我们的东西，或者如果我们需要从他们那里获得什么东西，却不说出来，我们就会失去本应得到或有权享有的东西。

社会服务人员关系圈

这是我们偶尔打交道的一些人，例如干洗店的店员、保险代理人、银行柜员、汽车修理工或理发师等。我们与他们打交道，主要的兴趣不是更好地了解他们，而是希望他们为我们提供优质服务。当然，我们很乐意与干洗店的店员搞好关系，但我们并不想听他们的故事，也不想给他们讲述自己的故事。我们只希望自己的衣物能得到很好的清洗和熨烫。如果我们尊重这些人，把我们的诉求告诉他们，通常都能得到满足。

重要人士关系圈

这一群体包括我们的上司、同事、客户、顾客以及权威人士，比如医生、律师、教授、牧师等。虽然我们可能和他们已经熟到可以彼此直呼姓名，但此类人际关系往往倾向于公务性质而非私人性质。他们处于一个可以经常向我们施压的位置。一旦他们欺压我们，我们的处境就会变得很艰难。因此，告知这些拥有权力的人我们对他们的具体诉求，这对我们是有利的。

朋友关系圈

这个关系圈不仅仅包括朋友，还包括近邻、熟人以及俱乐部成员等。他们在我们心中占据相当重要的位置，是我们希望深入了解的人。如果我们不向他们表达自己的愿望，那么彼此的关系就只会停留在礼貌客套的浅层次交流上。当我们把自己的诉求告诉他们时，我们自然就会感到与他们的关系更加亲近。

亲密关系圈

我们的亲密关系对象包括伴侣和最亲近的亲友。理想情况是，我们在这些人面前会卸下心防，大家彼此信任，坦诚相待。我们会让他们知道，他们对我们有多重要，并通过这样的交流而深深受益。在某种程度上，我们希望他们能了解我们的一切。然而，越是私密的愿望，尤其是那些不寻常的愿望，就越难以表达清楚。在这个关系圈里，我们的沉默所带来的后果最为严重且痛苦。

在我们清醒理智的时候，我们知道自己有权从处于上述关系圈中的人那里获得特定的东西，尤其是后三种关系圈。我们也知道，不明确地表达自己的诉求是错误之举。然而，出于多种原因，我们仍然没有勇气开口。

为什么我们不表达自己的诉求

1. 我们认为这在社交上是不得体的

父母教导我们，善良的人不应该为自己发声，而应该更多地为他人的利益着想。我们学到的是，表达自己的诉求是贪婪或自私的表现。当然，如果我们的诉求是被社会接受的，或者这些诉求之前已经得到认可或承诺，我大可以讲出来。但事实上，他们从未教过我们如何直接表达那些并非理所当然的诉求。

2. 我们不想显得软弱

善良的父母常常告诉孩子，真正的成年人应当坚强独立，无须依赖他人。因此，大多数善良的人（尤其是男性）都倾向于认为，寻求他人帮助是一种软弱的表现。我们错误地认为，成年人的心理特质是独立，而非相互依赖。

3. 我们对自身诉求的合理性感到不安

小时候，我们可能因为渴望得到某样东西而受到责备，甚至为自己的诉求而感到羞愧。这种经历出现在我们的成长过程中，导致我们的低自我价值感。因此，现在作为成年人，我们往往觉得，无论是否合理，自己的愿望都是过分的、浪费的、有害的、不恰当的，抑或是我们无权期望他人满足的。

4. 我们害怕遭到拒绝

除了追求完美和承担过多这两种错误，不表达自己的诉求同样是一种源于害怕被羞辱和被抛弃的终身习惯。小时候，我们长期进化形成的复杂大脑首次让我们意识到一种社交威胁，即对我们很重要的人很可能会拒绝我们。从婴儿期开始，这种恐惧就让我们不敢拿自己的安全、人际关系和内心最珍视的东西去冒险。这种恐惧帮助我们生存下来。

然而，这种恐惧也教会我们过度地保护自己，变得畏首畏尾。结果，我们在成年后承担风险的能力受到限制，并逐渐衰退。当你知道自己在生活中受到无条件接纳，并且接受你已受到接纳时，你就沉重打击了这种恐惧和过度的自我保护。不过，即便如此，这种恐惧也可能不会完全消失，仍然会让我们害怕向他人表达自己的诉求。

你常常无法向他人表达自己的诉求，而这种行为实际上属于自我挫败行为。对此，你是否感到惊讶？你可能还记得那些你没有向某人表达自身诉求的时刻，但你可能从未意识到，你一直以来都是这样做的，也没有意识到这是一个严重的错误。既然你只有在确信沉默是个错误之后才会向他人表达自己的诉求，那么就来看一看沉默为何是个错误。

为什么我们的沉默是个错误

1. 沉默让我们变得难以捉摸

当我们不表达自己的诉求时，我们展现给他人的只是一个表象，即我们为了让社会接受而投射出的自我形象。因此，我们对他人有所保留，而他们也只能部分地了解我们。具有讽刺意味的是，我们保持沉默，不表露自己的诉求，是为了不伤害我们与他人的关系，但我们的沉默反而让这些关系变得肤浅。

2. 沉默让我们背离自己的最大利益

我们人类有一个基本诉求，那就是满足以下愿望：能让我们体验完整性、尊重我们作为人的价值，以及有助于我们作为社会成员为社会的公共利益做出贡献。因此，我们对自己的正当诉求保持沉默无异于背叛了我们的完整性和充实生活的能力。

3. 沉默让我们容忍他人不公正的对待

我们的沉默会让他人误以为我们不在乎本应属于我们的东西。我们默许他们从我们这里只是索取而不回报，总是把脏活、累活留给我们，利用我们达到他们的目的。虽然我们的沉默并不能成为他人不公正地对待我们的理由，却为他们提供了逃避惩罚的契机。

4. 沉默让我们浪费精力，招致疾病

为了保持沉默，我们消耗了大量的情绪精力，而这些精力原本可以用来向他人表达我们的诉求。同时，我们也背负了很多悔恨，不断地追问自己：为什么我当时没有讲出来？最终，我们既怨恨那些未能满足我们诉求的人，又对自己没有开口表达诉求而感到愤怒。这种愤怒受到压抑并转向我们的内心，有可能让我们患上抑郁症或其他严重的疾病。

5. 沉默让我们错失许多本应得到的东西

在某种程度上，他人未能回应我们的诉求，可能仅仅是因为他们对此一无所知，抑或因为他们没有听到我们表达诉求，因而没有意识到要采取行动。因此，我们的生活远比我们本应拥有的生活要差得多。我们的沉默的确是自我挫败行为。其实，只要让他人知道我们的诉求，我们就能获得很多自己本应得到的东西。

以下是一些有助于你开始改变自身行为的具体步骤。

打破沉默的初始行动

1. 承认不表达自己的诉求是一种自我挫败的错误

接受这样一个事实，即你的沉默已经对自己造成了伤害。只有当你将其视为一种错误时，才能打破这个习惯，并开始勇敢地讲出来。

2. 决定不再以这种方式行事

对自己说，从现在起，我要告诉他人我对他们的诉求。把这个决定写下来，注明日期，贴在冰箱上，时时提醒自己。

3. 寻求朋友的支持

告诉他们，你在自我坚定方面存在问题。（他们可能已经知道了，并且可能也有着同样的问题。）以这种方式展现你的脆弱，能够激发他们为你提供支持的意愿。如果你以往的沉默损害了自己与他们的关系，你可以道歉，以此传达你的决心。你可以说："对不起，我以前总是不告诉你我的诉求。不管你知不知道，我以前的确让你对我捉摸不透。我现在正在努力改变这一点。"

以上三种行动并不能保证你立刻就能开口，因为这种习惯很难改掉。问题的核心在于三个源于你所受的"善良"教育的假设，它们一直在误导着你。你需要以新的观念来替代它们。

三种有助于表达自身诉求的观念

观念一：坚持区分自爱与自私

父母教导我们要无私，不要自私，要始终把他人放在第一位。因此，每当我们准备为自己做点什么时，即使之前一直在竭力帮助他人，内心的声音也会告诉我们：这样做不好。我们错误地认为自爱和自私是一回事，其实并非如此。让我们来看一看，它们的不同之处究竟在哪里。

自私是指过度自我关注，完全不考虑他人的利益和诉求。这是由于我们误解了我们与他人的精神联系，因而没有看到健康的人际关系基于付出与获取的平衡，包括通过**付出**来获取。

我们都知道，由于缺乏安全感，儿童和青少年往往难以跳出自我，因而无法达到健康人际关系所必需的平衡状态，他们往往容易变得自私自利。只有当他们逐渐成熟时（这个过程可能要到他们成年之后才能真正完成，甚至有些人终其一生都未能真正成熟），他们才会意识到为这种自私所付出的代价。然而，具有讽刺意味的是，每当他们过度自我关注时，自私无意中又成了他们的一种负担，因而让他们无法对自己感到满意。自私是父母希望我们避免的行为方式，因为这既不友善，也不明智。

与自私相反，自爱是一种智慧，有助于我们建立自我价值。自爱意味着我们既不会坚持优先关照自己，也不会始终优先顺从他人。从本质上讲，成年人理应认识到我们都是社会性的存在，对相互依赖、公共利益和爱的法则负有责任。因此，真正的自爱也包含对他人的爱。

自爱要求我们在关爱自己的同时，以同样的方式和程度去关爱他人，从而达到一种微妙的平衡状态。这意味着，在任何特定时刻，如果我们无法既关照自己又关照他人，我们必须在二者之间做出选择。有时候，我们会选择优先关照他人，因为他们的诉求比我们的诉求更重要，或者赶上合适的时机和场合，抑或轮到他们需要获得我们的关照。然而，有时候，我们的诉求会比他们的诉求更重要，或者轮到我们需要获得他们的关照，这时我们会把自己放在第一位，坦诚地告诉对方，我们期望从他们那里得到什么。

值得注意的是，自爱中的利己成分是自然存在的，也是不可避免的。无论我们是出于自私，还是实现了真正深度和平衡的自爱，我们都无法做出与我们认为符合自身利益的行为相悖的事情——即使我们对于自身利益的判断是错误的。甚至，即使我们明显超越了自身利益，而为了他人利益做出牺牲，这种行为也并不像看起来那样崇高。但同样重要的是，我们要认识到这种利己并非自私或不健康的，实际上这有助于实现我们自身的完整性。

如果你愿意向他人表达你的诉求，你并不需要变得自私。你可以采用既爱他人又爱自己的方式，来追求自己的利益。而且，这难到不正是你希望从人际关系中得到的吗？

观念二：对你所关心的人全然在场

如果你从小就被教导要成为一个友善的人，那么你可能学到的是要展现出自己最好的一面，保持坚强的心态，永远不让他人看到你的艰辛和脆弱。因此，你可能一直以来都认为对那些你关心的人全然在场太冒险，或者根本做不到。其实，并非如此。因为做到全然在场是实现个人完整性的关键。那么，让我们来看一看全然在场到底意味着什么，为什么全然在场正是人际关系中所需要的，以及如何做到这一点。

当我们能够向那些我们关心的人展现自己脆弱的一面时，我们就做到了对他们全然在场。我们的脆弱可以让他们知道我们在乎他们、信任他们，并且珍视他们所能给予的一切。遗憾的是，我们大多数人在大多数时候，都没有充分表露自己脆弱的一面，因而他人无法完全了解我们。我们小心翼翼地保护自己，压抑自己的感受，不把自己的诉求告诉他人。结果，我们只向他们展现了自己的一部分，也只让自己部分地在场。因此，我们甚至往往觉得与家人和朋友都并不亲近，发现自己与他们情感疏离。我们因而错失了他人本可以为我们的生活增添的丰富体验，而这种错失又加剧了我们内心不完整的感受。

从最直接的层面来讲，全然在场意味着向他人展现的不只是外表、确切的信息，也不只是适应社交的友善态度。全然在场意味着，除了其他东西，我们还要让他人了解我们的想法和感受，包括我们的愿望，甚至那些让我们感到不安的愿望。从更深的层面来讲，全然在场还意味着要坦诚地面对自己的软弱和恐惧。只有当他人知道我们害怕什么、需要什么时，他们才能真正了解我们，并与真实的我们交往。

我曾遇到一位男性来访者，他为儿子误入歧途而愤怒，但也非常痛苦，既因为事情发生在自己儿子身上，也因为他们父子几乎完全缺乏交流。他承认，他一直试图在儿子面前保持一种坚强且完美的形象。他也承认，由于担心自己在商界的声誉受损，他难以向他人甚至自己承认儿子所做的事情。我和他探讨了他内心的恐惧，以及他最珍视的东西。最后，他终于能够去见儿子，并对儿子说："因为你，我一直极度害怕他人将我视为一个失败的父亲。我的不安全感阻碍了我们改善关系，对此我感到非常难受。但我爱你，我担心你会毁掉你的人生。我希望你能够立即寻求帮助。"这是多年来他第一次对他的儿子全然在场，由此带来的对话促成了他们父子的和解，并让他的儿子逐渐重新走上了正路。

我并不是说要想全然在场，就必须把关于自己的一切和盘托出。他们只需知道那些符合你们关系的事，那些与当前问题相关的事，以及那些能使他们在那一刻觉得你真实可信的事。不过，即使是最亲近的人，也不必知道你阴暗面的所有不堪的细节，你曾经有过的所有荒唐的幻想，以及你曾做过的所有让你感到羞愧的事。**全然在场需要注意分寸，而非毫无保留的坦诚。**

我们的表达方式会影响我们对他人全然在场的程度。如果我们以特定的方式说出特定的话，我们的说话方式就会使我们无法与他人进行深入的交流。如果我们在措辞上做些改变，我们的话语就能让我们变得坦诚，变得能为他人所了解。然而，我们要知道全然在场并不是一种策略、战术或技巧，而是一种人际交往方式。实际上，这是一种我们在各种日常情境中，通过恰当地向他人坦诚表达自己的感受，以及对他们的期望，而营造出的开放态度。正是我们通过日常最平凡的举动所展现出的真诚，持续不断地给予他们充满信任的亲近感。这是一种不同于自我保护的关系基础，对于我们自由地向他人表达诉求至关重要。当然，如果我们已经接纳了自己，并对自己的价值有现实的认识，我们就会很轻松地创造出这种状态。这再次提醒我们，接受和给予无条件接纳的重要性。

全然在场还包含很多其他层面，在本书的最后一章，我会探讨其中一些层面。此处，你只需明白，你对全然在场的投入将决定你的个人满足感以及人际关系质量。此外，你还需明白，全然在场既要求你向他人表达诉求，也允许你向他人表达诉求。

观念三：区分咄咄逼人和坚定主张这两种社交风格——前者是消极的，后者是积极的

善良的人往往无法区分这两种社交风格，并将它们都视为消极的。明白二者的区别有助于我们自由地向他人表达自己的诉求。我们来看一看这两种表达形式的区别：

咄咄逼人意味着控制他人并剥夺他们的正当权利。

坚定主张意味着表达你的意愿而不损害他人的权利。

咄咄逼人意味着仅关注自己的诉求和价值。

坚定主张意味着肯定自己和他人的价值。

咄咄逼人是自私的表现。

坚定主张体现了健康的自爱。

在尊重他人的前提下，当我们向他人表达合理的诉求时，我们就是在**自我坚定**。与咄咄逼人地将自己的诉求强加于人而让人反感不同，我们的坚定会让他人感到自己被需要，并从做出的回应中获得满足感。当我们告诉他人我们对他们有怎样的诉求时，就有可能发生一些好事。这样做实际上是在向他们表达尊重，并加深彼此间的联系。只要认识到自我坚定是一种可以提升我们自身及人际关系的自然而然的自爱表现，那么这种认知就有助于我们更加自由地向他人表达诉求。

然而，仅仅理解这三种观念还不够。只有当你决心秉持这些观念去生活，你才能真正自由地向他人表达自己的诉求。你是否愿意关爱自己？是否愿意对你在乎的人全然在场？是否愿意以尊重他人的方式自我坚定？

如果你对这些问题的回答都是肯定的，那么你已经为培养一种坚定的行为方式做好了准备。

走向坚定的步骤

家庭结构、社会机构和政府的存在都是为了满足你的某些诉求。你必须利用它们来维持自己的生活。但为了得到应得的一切，你还必须敢于面对陌生人、熟人、同事、权威人士、家庭成员，以及与你最亲近的一两个人。只有这样，你才能开始实现自己的人生。

有时候，你希望他们做一些以前未曾做过的事情；有时候，你又希望他们停止正在做的某些事情。你不能指望他们能洞悉并主动满足你的诉求。相反，作为第一步，你必须有意识地采用并发展一些沟通模式，从而使你能够清晰、直接、有力地表达自己的诉求。

学会健康的坚定表达

在自我坚定时，无论你希望他人停止还是开始做某事，你的表达都要做到积极、具体且直接，而非消极、间接，带有操纵或说教意味。

那种有说服力的表达，因其清晰、坦诚和尊重他人，往往能让对方愿意满足你的诉求。相反，如果你的表达是消极的，就会带来消极的回应；如果你的表达是间接的，就会给对方增添解释自己的负担；

如果你的表达带有操纵意味，就会让对方心生怨恨和抵触；如果你的表达带有说教意味，就会迫使对方出于人情和负罪感而行动。以下举例说明健康的坚定和不健康的坚定在表达上的区别：

示例1. 当你希望孩子收拾玩具时

“我希望你把玩具收起来。”（或“把你的玩具收起来好吗？”）

不要说：

“别把玩具扔得到处都是。”（消极）

不要说：

“你怎么不把玩具收起来？”（消极且间接）

不要说：

“你不应该把玩具扔得到处都是。”（消极且说教）

不要说：

“好孩子不会把玩具扔得到处都是。”（消极、间接且操纵）

示例2. 当你希望伴侣送花给你时

“我希望你偶尔送花给我。”（或“请偶尔送花给我。”）

不要说：

“别忘了送花给我。”（消极）

不要说：

“你为什么不再送花给我？”（消极且间接）

不要说：

“你应该偶尔送花给我。”（说教）

不要说：

“体贴的伴侣不会忘记送花给对方。”（消极、间接且操纵）

示例3. 当你希望他人洗餐具时

“我希望你能洗一下餐具。”（或“请把餐具洗一下好吗？”）

不要说：

“别把脏餐具留在水槽里。”（消极）

不要说：

“你怎么不洗餐具？”（消极且间接）

不要说：

“你应该洗一下餐具。”（说教）

不要说：

“体贴的人不会把脏餐具堆在一边不管。”（消极、间接且操纵）

示例4. 当你希望获得拥抱时

“我希望你能抱抱我。”（或“请抱抱我好吗？”）

不要说：

“我不应该每次都要告诉你我想被拥抱。”（消极）

不要说：

“你怎么不抱抱我？”（消极）

不要说：

“在这种时候，你应该抱抱我。”（说教）

不要说：

“体贴的人在这种时候会抱抱他们所爱的人。”（间接且操纵）

如果你难以理解健康的坚定和不健康的坚定之间的区别，可以尝试将社交角色反转一下，进行换位思考，想象他人用不同的方式向你表达他们的诉求，看一看这会让你产生怎样的感受。以下是更多关于健康的坚定表达的示例：

- “我希望你能以积极、具体、直接的方式与我沟通。”
- “我希望你能以尊重的态度和我说话。”
- “我爱你，我希望你现在回家。”
- “我希望你今后能量入为出。”
- “我希望你能和我商量购车事宜。”
- “我希望你出门时，顺便扔一下垃圾。”
- “我希望你担任这个委员会的主席。”

独自一人时，你可以练习自我坚定。从微小的诉求开始，在脑海中模拟我们刚才讨论的那些情境，告诉想象中的人你希望他们做什么。对自己反复说与上述示例类似的话语，直到你能自然而然地说出来。你很快就能自信且轻松地表达自己的诉求，并能够处理更大、更棘手的问题。如此一来，你不仅能更经常地得到自己想要的东西，还能提升自己的人际关系。

找到并讲出阻碍你的恐惧

是恐惧让你选择了沉默。停驻于当下，集中精神感受自己的恐惧。问问自己，我在害怕什么？是什么让我如此恐惧？倾听你内心的声音，直到它告诉你答案。由于你不喜欢害怕的感觉，因而你可能无法立刻听到这些声音。

有一天，一位女性来访者与我谈到她的一个同事。她尊重这个人，而且知道对方也很敬重她。但在她负责的重要项目中，这个同事未能尽到自己的职责，她不知道如何与对方沟通。我问她到底在害怕什么。过了一会儿，她说："我怕他会认为我是个苛刻的上司，而不再喜欢我。"我又问："还有其他顾虑吗？"她回答："当然，我也害怕如果他不尽心尽力，这个项目就会失败，让我的声誉受损。"我问她是否可以这样对他说："虽然我担心你会觉得我很苛刻，因而不喜欢我，但我也很担心，如果你不尽心尽力，这个项目可能会搞砸，而所有责任都会落到我的头上。我希望你能履行我们在这个项目上的约定，做好你应该做的那部分工作。”她决定这样做试试看，对方向她表达了歉意。他们的合作变得更加顺畅，不仅出色地完成了任务，还因此赢得了广泛的认可。

当你意识到自己没有说出心里话时，试着列出所有可能的恐惧，直到找出阻碍你的那种恐惧。首先向自己承认它的存在，然后把这种恐惧向对方讲出来。如果你发现自己害怕：

- 丢脸："我很不好意思提出这样的要求，但我希望你能帮我做 × × × 事。"
- 得不到认同："我担心如果我告诉你我的诉求，你可能不再喜欢我。"
- 让人觉得自己咄咄逼人："我想请你帮我做件事，但又怕你觉得我在逼迫你"

当你害怕让人觉得自己咄咄逼人时，可以去询问

让你无法开口的遭遇通常发生在始料未及的情况下，当时你遇到的事情经常是陌生的、模糊不清的，或者变化很快。因此，你往往无法确定哪些现实因素造成了当时的情况，也无法确定自己究竟享有哪些权利。有效地自我坚定并不意味着立刻贸然讲出你的诉求，而是要弄清楚正在发生什么，你能得到什么，以及你的权利是什么。因此，你的首要任务可能是通过询问来获取信息，而询问本身或许就能帮你

得到你应得的东西。

举个例子，我开车去做发动机检修和更换刹车片，却忘记带商家寄给我的优惠券。当我告诉修理工时，他表示即便没有优惠券，也会为我减免一些费用。（他知道我是他们的优质客户。）后来我去收银台结账时，发现并没有享受优惠。虽然我没有坚持要求他们给我优惠，毕竟我忘了带优惠券，但我原本期望他们会兑现修理工的承诺。我没有选择大吵大闹，也没有带着沮丧和愤怒默默离开，而是回到修理工那里，礼貌地询问是不是我对优惠有什么误解。他本可能回答“是的”，或者承认自己误导了我，并表达歉意。如果是那样，我也没办法。但他并没有这样说，而是为没有告知收银员而向我道歉，然后主动确保为我减免一些费用。如此一来，我不必显得咄咄逼人也能得到我想要的东西。

坚守立场

在某些互动中，你可能要面对他人的抵触。即使你对自己的诉求深思熟虑，表达得积极且直接，有些人——至少起初——会对你置之不理，这时你需要坚守立场。

例如，当面对一些权威人士时，你可能需要坚守自己的立场。许多年前，芭芭拉和我刚结婚时，我还在上学，她在一位知名医生手下做护士，而那位医生给护士的待遇很低。我们都很畏惧他，因而我们从未告诉他我们的诉求。在芭芭拉为他工作的两年里，她从未拿到过一分钱的加班费。

后来，医生的神秘感对我来说逐渐消失了。我开始将他们视为普通人，虽然我仍然尊重那些工作出色、关心患者的医生，但我已不再神化他们。现在，我坚持要求他们向我提供我理应得到的信息和待遇。

1993年7月，我的前列腺特异性抗原血液检测结果显示，我可能存在患上前列腺癌的风险。我的保健医生推荐我去看一位泌尿科医生。这位医生让我做了超声检查。我在接受检查时，屏幕上的图像显示，我的前列腺中央有一个坚硬的、类似腰果形状的东西。他告诉我，那是一个肿瘤，并表示他打算对其进行活组织检查，然后另外进行10次穿刺，旨在检查整个前列腺。他还说："既然已经开始检查了，我们不妨现在就做。"我同意了。

检查结束，他让我预约下周二来复诊，到时候他会拿到实验室活组织检查的结果。我做检查那天是周五上午，而我和妻子、我们的四个孩子以及他们的家人，正准备前往五小时车程之外的地方度假两周。我把这个情况告诉了医生，并请他在下周二给我打电话告知结果，但他不愿意这样做。

医生：我通常不会通过电话告知患者检查结果。

我：　虽然这可能不是常规做法，但我希望您能破例一次。我不想在假期里来回奔波一天。

医生：我不喜欢通过电话告知检查结果，特别是当消息可能不好的时候。

我：　我理解您不愿意这样做的原因。但无论消息好坏，我都希望您在下周二能给我打电话。

医生：您为何不打算一回来就来找我呢？

我：　不，我不想为此而烦恼两周。我希望您打电话告诉我。

医生：检查结果可能要到下周三才能出来，那时我在做手术。

我：　那么，我希望您完成手术后给我打电话。

医生：我想我可以那时候给您打电话。

我：　谢谢您，我把我度假地方的电话号码留给您。

于是，他在接下来的周四下午早早地打来电话。他说："很遗憾地告诉您，检查结果并不如我所希望的那样好。"我感到心里一阵剧痛。他问："您还记得我们在超声屏幕上看到的那个肿瘤吗？"我回答："记得。"他接着说："那个肿瘤问题不大，是一个良性的纤维囊肿。"这时，我的心情稍微放松了一下。"但是，"他继续说，"有两个穿刺，发现前列腺背面底部有癌变。"我又紧张起来。我对他说："我真不想听到这样的消息。"他说："我理解。"我们约定等我回家后就去见他，然后谈一谈接下来的治疗方案，我感谢他打来电话。放下电话，我和芭芭拉抱在一起，身子微微颤抖，一时之间说不出话来，我们的眼眶都湿润了。然后我们和孩子们单独相处了一周的时间，处理这个消息所带来的影响。要不是我当时坚持让医生打电话告知的话，我们就无法拥有这段经历。两个月后，他为我做了前列腺切除手术。后来的检查结果显示手术取得了成功。

当谈到坚持自己的诉求时，我并不建议你逼迫那些对你的请求无动于衷的人。我的意思是，当你提出一个合理的诉求时，你理应坚持下去，不能一遭到拒绝时就轻易放弃。这需要你专注于自己的诉求，把你认为他们所说（和所感）的内容反馈回去，并在必要时反复表达你的诉求。

当然，即使你把自己的诉求反复告诉对方，也并不意味着他们一定会满足你。但至少他们会重视你的诉求。你也不会永远纠结于如果当初提出要求是否就能得到满足。此外，你可以将这种拒绝视为成长的一个契机。**努力维护自己的正当利益是成熟的标志。学会创造性地应对失望同样是成熟的体现。**二者都是你走向成熟的垫脚石，同时也表明你在某种程度上已经取得了进步。

必须指出的是，健康且坚持的自我坚定有时可能会让我们“反受其害”。20世纪80年代中期，我们的女儿带着她可爱的小女儿搬来与我们同住，以便她能完成大学学业。面对外孙女，我认为自己必须以身作则，为她树立行为坚定的榜样（她母亲小时候，我在这方面做得不好，但此时我已经努力提高了这方面的技巧）。她刚能听懂我的话的时候，我就会说一些诸如“该吃晚饭了，我希望你能收拾好玩具”，或者“我希望你听妈妈的话”之类的话。她都回应得非常好，我通常不需要反复对她说这些话。我总是在公共场合称她为“世界上最棒的小姑娘”（祖父母们会对此产生共鸣）。

她5岁那年，在复活节那个周日一大早，她就推开书房的门对我说：“毕波普（她对我这个外祖父的爱称），我想让您来看看我漂亮的新裙子。”当时我正忙于手头的工作。我说：“我很想看，亲爱的，但我现在很忙，稍后再看吧！”她转身离开。不一会儿，她又回来，拽着我的袖子说：“毕波普，我现在就想让您来看看我漂亮的新裙子。”我又说：“亲爱的，等我一忙完就去看，我得先完成手头的事情。”她再次迅速离开。几分钟后，她又回来，看到我还在专心地工作，她便爬到我的腿上，凑到我面前，用双手托住我的下巴，让我不得不直视她的眼睛，然后大声说：“毕波普，我知道您现在很忙，可我现在就想让您看看我漂亮的新裙子！”

我把她教导得很好，结果也尝到了自己所教导的“坚持”的苦果。我只好立即放下手中的事，去看她的新裙子。

鼓励他人表达自己的诉求

几乎所有善良的人都难以表达自己的愿望。当你发现他人对你感到惧怕时，可以鼓励他们说出内心的想法。你可以说：“你的感受对我来说很重要。”向他们保证你会考虑他们的请求，然后耐心地倾听。

他们的确有可能提出你不希望给予的东西，抑或他们没有权利期望获得的东西。但如果你认为他们的诉求不正当或不合理，抑或是你觉得他们要求很过分或不公平，你可以告诉他们："对不起，你的要求超出了我所能接受的范围，我不能照办。”即使在拒绝他们的时候，你也可以对他们的坦诚相告表示赞赏。任何时候，如果你感觉他们难以表达自己的诉求，你都可以说："我知道向别人提出请求并不容易。”

鼓励亲近之人表现得坚定有诸多好处。这会促使他们言行一致，使他们成为更完整、更自由、更有趣的伙伴。同时，这能够在你们之间营造一种尊重和信任的氛围，让你们的关系更加充实。此外，这也提醒你，需要持续自我坚定。如果这能让他们变得坚定，那么他们的表现也能为你提供一个范例。换句话说，你关注他们的诉求反而对你自身有益。

一套表达自身诉求的方法

你也许在对自己说："我不想再压抑我的基本诉求和合理愿望了，我想开始说出我想要什么。”当然，你仍然会面临过去那些让你难以开口的社交情境。此外，掌握自我坚定的技巧可能也需要一些时间。

但刻意练习一定会带来回报，至少你可以从现在就开始：

- 当你想从别人那里得到些什么时，你可以用积极而非说教的语言直接告诉他们："我希望你能……"
- 当你发现自己害怕表现得坚定时，你可以向对方讲出你的顾虑："我担心你会觉得我在强迫你，但你能否……"
- 当你不确定自己有权期望他人做什么时，你可以去询问："请原谅，请问你是否可以……"
- 当有人拒绝给你某些你应得的东西时，你可以坚守立场，坚持要求："我知道你不愿意这样做，但我希望你能……"
- 当有人对你感到惧怕时，你可以坚守立场，鼓励对方直接讲出自己的诉求："我希望你能告诉我，你对我有什么期待。我不希望你因为害怕而不讲出来。"

通过践行这些步骤，不仅可以让你更加清楚地意识到你何时未能表达自己的诉求，还有助于你培养自己表达坚定的方式。在某些情况下，你仍可能会发现自己害怕表达愿望。但随着时间的推移，经过不断练习，这种情况会越来越少。此外，随着时间的推移，自我坚定会变得越来越容易，你的人际关系也会因此而变得更加令你满意。

而且，你将仍然是一个善良的人。

你 的 善 良 必 须 要 有 锋 芒

原则 4

不要压抑自己的愤怒

你的上司绕过公司政策，剥夺了你本来指望能拿到的一大笔佣金。虽然你非常恼火，但你什么都没说。你将这股怒气带回了家，一股脑儿地发泄在伴侣身上和餐桌上。在吃甜点的时候，你还在气头上，这时你的上司却因为一件不相干的小事给你打电话，而你立刻变得和颜悦色起来。

许多年前，那时候仍将医生奉若神明的我匆忙地赶到内科医生的诊室进行常规体检。我预约的时间是下午2点，并准时到达。20分钟过去了，我仍然坐在那里，翻看着旧杂志。我敲了敲接待员的窗口，礼貌地问她大概还要等多久。她说："不会很久。"我听信了她的话。又过了15分钟，我再次询问她是否知道推延检查的原因。她说："医生吃午饭去了，还没回来，但应该很快就来。"我感到很愤怒，但还是又等了半个小时，然后她把我带进一间无菌的小手术室。我穿着短裤又坐了15分钟。我感觉自己越来越焦躁，但我还是尽量保持镇定。直到将近下午3点半，医生才终于进来，含混不清地说了几句，为推延检查表达歉意，而我只是说："没关系。"

当我谈到愤怒时，我指的是当我们认为他人威胁、利用或以某种方式欺压我们时，我们内心所产生的那种不快，以及我们想要反击的冲动。正是这种情绪让我们在受到冒犯时准备做出反击。从某种意义上讲，活着就意味着会愤怒，因为从我们出生那一刻起，其他人就在侵犯我们的利益。因为生命在其最原始、最个人的层面上是一场为领地和生存而进行的斗争，所以我们总是感到自己受到侵犯或伤害。

任何人都可能让我们感到愤怒。有些人至今仍对父母在他们小时候对他们所做的事情耿耿于怀。当别人强迫我们做我们不想做的事，或不给我们想要的东西时，我们就会变得恼怒。即使当我们坠入爱河，陶醉于幸福之中时，我们所爱之人迟早也会做出激怒我们的事情。当然，我们也常常对自己感到愤怒。

我们还会因一些自己无法控制的非个人问题而感到愤怒，比如天气和整个世界的状况。我们对那些不公正地对待他人或破坏环境的人和机构都感到愤怒，无论他们是有意还是无意的。异性有时会让我们感到愤怒。而且，在我们内心深处，意识到生命最终的代价是死亡也让我们感到愤怒。事实上，我们很多时候都感到愤怒，对很多事情感到愤怒，对很多人感到愤怒，包括我们最爱的人。

当然，有些人比其他人更容易愤怒。我们在特定时间感受到的不快也大相径庭。我们把轻微的愤怒称为烦恼、烦躁和烦心，把更强烈的愤怒则称为愤慨、愤恨、震怒、狂怒和暴怒。冒着过度简化这种复杂情绪的风险，毕竟我们对其了解仍然有限，我将重点关注一种愤怒——它既非长期积累，也未必过于强烈，但每当他人以某种方式冒犯我们时，便会被激起。这种日常的愤怒不仅威胁着我们自身，也影响着我们珍视的关系。

如果你是一个心思细腻且素来体贴友善的人，你当然不喜欢发怒，尤其是对那些对你很重要的人。你认为愤怒是不成熟的或错误的，觉得自己应该不屑于此。因此，你可能会因为发怒而对自己感到愤怒，并因此而觉得这有损自己的人格。你甚至可能会为自己发怒而道歉。然而，正如你所知道的那样，你的良善并不能让你免于愤怒。每天，你身边的人都会做一些让你恼火的事：

- 你的上司拿走了你应得的佣金。
- 你的室友留下一堆脏盘子让你洗。
- 你的兄弟鲁莽地载着你超速行驶。
- 你的朋友当着其他朋友的面反复贬损你。
- 你的邻居在你外出期间帮忙照看房子，却不喂猫。
- 你的伴侣在参加派对时过分关注别人。
- 有人指责你否认自己生气。

每当你对那些对你很重要的人发怒时，你就会威胁到自己作为社会性动物的幸福感。如果你的愤怒失控，或故意发泄出来，就可能破坏那些关系，削弱你在工作中的安全感，甚至可能危及你的生命。为了避免这种情况发生在你身上，本章将帮你找到一些方法，让你能以建设性的方式回应那些让你感到愤怒但对你的生活很重要的人。不过，首先你要明白，发怒本身并不是错，明白这一点很重要。

为什么发怒不是错

首先，愤怒并不是一种错误。错的是我们做出了一个糟糕的选择，而我们通常并不会选择发怒。没有人教过我们如何表达愤怒。愤怒在我们内心自动产生，无须得到我们的许可。每当有人冒犯我们时，我们的感受和化学反应就会立刻与大脑发生冲突，并准备反击。肾上腺素立即释放到血液中，使血糖浓度上升，让我们自身及周围的环境都充满电荷。遗憾的是，我们对愤怒知之甚少，无论是关于愤怒的科学研究成果还是我们自身的经验结论往往都令人困惑且充满争议。但每个人都知道这种情绪反应系统突然启动并激烈运转是怎样的情形。

其次，我们所关注的人与人之间的愤怒并不是一种错误，因为它本质上源于我们与生俱来的对是非对错的认知。那些冒犯我们的人激起了我们的“司法情感”。这种情绪反应虽然经过社会依照其自我保护规范进行引导，但它根植于我们的基因，与我们的性别、身形和眼睛颜色一样是与生俱来的。它让我们大喊：“这是错的！”或者“不公平！”它清楚并告诉我们，个人和机构都应该对自己的行为负责，不应该欺压我们。我们因他们的冒犯而感到不快是自然且正常的，并可能是合理的。因此，仅凭这一点，就不能将这种愤怒视为错误。（我们将在后文探讨不合理的愤怒。）来看一看下面这个简单的例子：

> 一个4岁男孩最喜欢的玩具被姐姐抢走了，于是他的内心响起了警报。他尖叫、跺脚，甚至可能会咬姐姐。他之所以愤怒，并不是因为他自私，也不是因为他当时想玩这个玩具，而是因为姐姐的行为对他不公平，她不应该逃避惩罚。男孩的正义感受到了冒犯，并对姐姐做出了有罪判决。即使他只有4岁，只要父母没有惩罚姐姐，没有让她归还玩具，他就会毫不犹豫地认为父母也有罪。

没有人必须告诉这个孩子他值得尊重，不应该受人欺负，也没人告诉过他，他的父母不该纵容他的姐姐欺负他。他那一触即发的愤怒冲动警报和司法情感共同发挥作用，让他产生了合理的愤怒。我们可能认为他咬人的行为不合适，且最终还可能对他自己有害。但由于愤怒源于其权利和公平意识，以及他的财产和人身遭到侵犯，因而我们不能将之视为错误。

再次，愤怒不可能是一种错误，因为它有助于我们达成合理且有价值的目标。当我们气馁时，它驱使我们继续前行。它有助于我们改变别人对待我们的方式，触动他们固有的公平意识，迫使他们道歉并停止冒犯行为。当然，这是我们应得的，也是我们想要的。因此，如果我们不表达愤怒，我们就是在纵容别人继续冒犯我们。

最后，我们不能将愤怒视为一种错误，因为正是凭借其对正义的渴望，它才催生了世界上一些最伟大的文学和艺术作品，在人类遭受悲伤和苦难的过程中，创造了美、意义和希望。它还通过赋予人们抗议不公正势力的力量，来帮我们改造社会。事实上，世界上许多积极的社会变革都是由那些愤怒的人完成的，因为他们认识到了不公正，或者真切地感受到了受害者的痛苦。与此类似，在一对一的层面上，如果我们不能对社会的冷漠和不公表现出愤怒，我们就无法对社会上的种种欺压和暴虐的倾向施加任何限制。

虽然愤怒的强度和直接通常会让我们感到害怕，但重要的是我们要看到，愤怒不仅是正常且普遍的，而且往往是有益的。我们所有人都能看到愤怒创造了美和社会良善，包括修复和重新设计我们的人际关系。这里的观点与我们小时候学到的恰恰相反：**愤怒本身并不是错误，认为愤怒是种错误才是错误。**只要我们还带着我们以前学到的友善眼光来看待自己的愤怒，就无法认清——而且必然会让自己犯——所有友善之人在对待愤怒时都会犯的错误。

我们对愤怒的误解

尽管从定义上来说，愤怒是一种情绪体验而非行为，友善所规定的错误观念，与我们处理愤怒的方式有关。

先来简单地看一看那些不太友善的人是如何表达愤怒的：

- “你这个笨蛋，快从我的座位上滚开！”
- “我讨厌你这么说，你这个蠢货！”
- “不要插队，你这个混蛋！到队伍后面排队去！”
- “那笔佣金本该是我的，你这混账！我不干了！”

作为友善的人，我们可能偶尔也想要这样发泄一下愤怒，但如果可以控制自己，我们通常出于一些原因不会这样做。也许存在令人发指的罪行，需要我们公开地表达愤怒，但在日常互动的正常过程中，我们认为自己不可以侮辱他人，并且要维护自身的尊严以及与他人良好的关系。我们认为这样发泄愤怒是自私自利的，并且对个人和健康的社交氛围都是有害的。我们明白，这样的情绪爆发只会加剧紧张局面，并有可能导致暴力反应，造成严重的后果。我们也明白，在任何特定场合下的愤怒都可能是没有道理的，如果我们不假思索地表达愤怒，可能会让自己陷入难堪。

此外，我们意识到爆发式的反应往往是鲁莽的。愤怒通常不会持续炽热太久，而是很快就冷却下来。当我们被一股愤怒的冲动所掌控时，谁不曾庆幸大脑中的高级中枢关闭了愤怒模式，让我们进入更加平和的状态呢？一开始，我们可能有做出暴力行为的冲动，例如“我真想跟他拼了！”但这将是灾难性的。幸运的是，我们内心深处自己更好的一面占据了主导地位，让我们冷静下来。

因此，我们竭力避免同那些不太友善的人产生争执，出于以下几点原因：

- 父母教导我们，发脾气是幼稚且不可接受的行为。
- 我们将此类行为与恶劣联系在一起。
- 我们不想为我们关爱的孩子树立这样的行为榜样。
- 我们可能会对愤怒所造成的伤害有所顾虑。
- 我们害怕一旦我们这样行事，别人会做出什么反应。

作为友善的人，我们的确不愿意以粗暴的方式发泄愤怒。于是，我们就犯了截然相反的错误：**竭力去压抑愤怒**。

为什么压抑愤怒是个错误

压抑愤怒让我们变得虚伪

我们怒火中烧，并竭力表现得若无其事。我们否认自己的种种感受，并假装它们不存在。尽管我们知道，我们与人交往应该真诚相待，表里如一，但我们还是会压抑自己的愤怒。因此，我们会感觉我们对自己和他人都不够真诚，也与我们的人性不符。而且，具有讽刺意味的是，这会让我们变得更加愤怒。

压抑愤怒会逐渐演变为对自己有害的憎恨

如果朋友惹我们生气，而我们又不表现出来，这会毁了我们和对方的友谊。如果上司提拔他人，是因为她们更年轻貌美，而我们试图掩盖自己的愤怒，那么这种愤怒就会逐渐恶化，以至于我们不仅开始憎恨上司，还会憎恨我们一直喜爱的工作。

压抑愤怒并不能让我们摆脱报复欲

无论我们把报复欲压制得有多深，它都不会就此沉寂，更不会消失。当我们掩盖报复欲时，它会消耗我们的精力，毒害我们的幸福感，使我们无法继续前行。然后，迟早有一天，这种报复欲会连同它最初产生时我们所感受到的全部力量，并以如下四种破坏性方式中的一种释放出来：

1. 过度反应

一个朋友怠慢了我们，而我们对他的行为过度反应。我们内心积压了很多不满，其中一些甚至与他无关。但当他惹恼我们时，我们内心积压的那些不满就会"砰"地爆炸。他也许不该承受那么大的怒火，但我们把全部怒火都倾泻到了他身上。

2. 间接发泄

一名女同事在工作中的表现优于我们，还要确保所有人都知道这一点。我们感到难堪和愤怒，但又一言不发。不知不觉中，我们开始对她冷嘲热讽，拖延回应她的请求，尽管我们为人友善，但我们甚至可能卑鄙到暗地里中伤她。

3. 错误引导

上司错误地指责我们懒惰。我们想反击，但我们珍视自己的工作，也希望同事们觉得我们友善。因此，我们只在家中发泄愤怒。我们甚至有可能让这种愤怒升级为对我们所爱之人的暴力。

4. 身体疾病

医学界人士告诉我们，当我们长期处于愤怒状态，或长期不释放负面情绪时，就可能给自己带来严重的健康问题，例如反复头痛、心脏病、胃溃疡、抑郁症以及其他疾病。从长远来看，当我们压抑愤怒时，它不仅会破坏我们的人际关系，还可能危及我们的生命。

遗憾的是，未得到发泄的愤怒所造成的最令人痛心的伤害，往往发生在那些彼此关爱的好人之间。例如，夫妻双方忙于工作，或一心扑在孩子身上，而忽视了伴侣，把对方的关爱视为理所当然。对于这种情况，即使这些伴侣能够理解对方所面临的压力和矛盾的忠诚关系，还是会因为自己遭受冷遇和孤独而感到愤怒。然而，他们认为自己的愤怒是不可接受的，于是选择压抑愤怒。他们对自己的痛苦和怨恨连想都不敢想，更不会向伴侣提及。这种受到压抑的愤怒，随后将以上述四种破坏性方式中的某一种释放出来，或者变成一种持续存在的轻度敌意，削弱彼此的感情，破坏他们的性生活，导致他们与伴侣产生隔阂。如果发生这种情况，他们迟早会失去下面这一切：情感上的亲近感、性生活中的亲密感，以及所有他们曾经知道的和婚姻本应带来的共同快乐。

你可以这样想：无论初衷有多好，你都永远无法通过压抑来控制或摧毁你心中的愤怒，相反，这样做只会导致它控制并摧毁你。不论你是否对此保持警觉，总有一天你会以某种方式意识到自己犯了一个严重的错误。

作为一个善良的人，你需要以新的方式来处理愤怒。

处理愤怒的建设性方法

当有人在日常社交互动中激怒你时，你需要让他们知道这一点。与他们面对面地交流，这不仅可以让你摆脱压抑的情绪，做真实的自己，还能与他们建立起真诚的关系。但在你让他们注意到你的愤怒之前，你需要先做以下四件事情。采取这些行动有助于你忠于自己的感受，避免做出刻薄行为，并能让你的重要人际关系完好无损。

1. 承认并接受你感到愤怒这一事实

当你的愤怒“警报”响起时，无论是轻微的恼怒还是强烈的狂怒，这都是在告诉你——你生气了。倾听你的愤怒，听一听它在你体内发出的声音，感受它产生的热量。接着，后退一步，就像看到镜中的自己一样，对自己说：“我对这件事真的很愤怒！不管我是否愿意接受，我真的很生气！这确实让我很抓狂！”

立即承认自己的愤怒会让你感受并接受它，这对于处理愤怒及免受其控制至关重要。一开始你可能很难做到这一点，因为你过去总是出于害怕后果（尤其是害怕遭到拒绝）而压抑愤怒，而不是将其视为一种力量的馈赠。如果你已经接纳了自己，你就已经减轻甚至可能在很大程度上消除了这种恐惧。不过，当警报响起时，你仍可能出于习惯而压抑自己的愤怒和恐惧。现在，你要做的是立刻承认并接受自己的愤怒，包括你的不快和报复欲。

2. 争取一些时间来恢复冷静

突然的愤怒会干扰大脑理解事物和理智行动的能力。如果你感到头脑发懵、思绪混乱，请尝试使用传统的数数法。放松片刻，深吸一口气。在呼气的同时，慢慢地数数，一、二、三、四……直到你能感觉到自己已经平静下来。如果你发现自己一心想着要反击，告诉自己：停！在这些想法控制你之前，立即予以制止。你会惊讶地发现，这不仅使你更容易控制自己的怒气，还能让你更有效地以建设性的方式表达愤怒。

当你逐渐习惯以这种方式调节自己时，你就会发现需要数数的情况越来越少，平息愤怒所需要的时间也也越来越短。但关键在于没有必要太着急。你的基本目的是理解并控制反击的情绪，而不是反受其控制。冷静片刻，让强烈的怒火消散，这与压抑愤怒是两码事。你只是暂时控制你的愤怒，避免做出草率、过激、冲动的反应，而对宝贵的友谊或工作关系造成致命的打击。

在数数过程中，把自己想象成一个旁观者，并问自己以下问题：

- 发生了什么？我为什么会愤怒？我的愤怒有多强烈？
- 我现在的感受主要是基于我对是非的判断，还是其他次要因素？
- 我要如何处理这种愤怒？现在的时间和场合适合表达愤怒吗？我该如何讲出来？

对这些问题的思考本身就有助于你越过情绪化的当下，进入可以冷静且直接地对冒犯你的人讲出你的愤怒的那个时刻。

通过关注这些问题，你也有机会判断自己的愤怒是否合理。如果最初几分钟的思考让你找到了愤怒的根源，并发现它是没有根据的，那么你就可以放下愤怒。这样做你就可以避免让自己难堪和后悔，甚至可能因此保住友谊或工作，因为你没有因失去理智而发脾气。

再说一遍，暂停并找到方向并非为了永远掩盖愤怒。你会表达愤怒，但你会先决定如何修正潜在的破坏性话语，以一种治愈的方式表达你的愤怒。争取一些时间，让自己先思考再表达，这不同于先行动后思考的"行动型发泄"（acting out）。

你会小心处理你的愤怒，因为虽然你认为自己无须为他人负责，但你仍然感到自己对他们有某种责任感。你意识到你们相互存在于彼此心中，尽管他们和你一样并不完美，但他们对你而言非常重要。你和他们都有责任让彼此生活的地方尽可能充满尊重和安全感。

3. 拉开必要的距离

如果时间和场合不利于你表达愤怒，如果你的愤怒警报让你失去控制，你无法保持冷静，或者你只是担心你不能很好地处理自己的愤怒，那么你可能需要同对方拉开距离。你可以这样说：

- “你的行为让我很不舒服。我不想情绪失控，所以让我冷静一下再和你谈。我希望我们能友好地解决这个问题。”
- “我不太确定具体发生了什么，但我感到很受伤、很愤怒，我需要时间冷静一下。我想稍后再和你谈这个问题。”

说“我感到很受伤、很愤怒”，相比“我很受伤、很愤怒”在语气上稍微软一些，往往会引发较小的反应。请记住，愤怒几乎会让所有人都感到心烦意乱。四岁的孩子还不能像大人那样争取时间、恢复冷静、拉开距离或以更体贴、成熟的方式进行思考和沟通。但你可以掌握这种方法。每当你成功做到这一点时，你下次就会更快地鼓起勇气，变得更加自信，也会更清楚地看到自己的进步。你看到自己取得的进步越多，你对自己感觉就会越好。

4. 确定要说的话并写下来

一旦你理清了头绪，你就要明确自己想说什么和不想说什么。你还需要预先想好如果对方的反应让你感到惊讶和不安，你要怎么说。然后写下你的回答并练习。这将使你更有可能说出你想说的话，并得到建设性的回应。

这样做也有助于你决定何时何地与对方谈，以及你的语气、语调上的变化将暗示什么。无论当面谈（这是最佳但并不总是可行的方式），还是通过电话谈，都可以把笔记放在面前作为参考。无论哪种方式，你都可以用这样一句话开始："我很珍视我们的关系。我对发生的事情和我的反应做了一些思考。我希望我们的对话富有成效，所以我做了一些笔记。"

当你把自己要说的话写下来时，这种行为本身就有助于你明确自己想要达成的目标，以及如何做出精准的回应。这也有助于你消除愤怒通常会引发的一些令人分心的、过度的激动情绪。

因此，从现在开始，当某个对你很重要的人让你感到愤怒时，与其把怒气永远憋在心里，你不如：

1. 承认并接受你感到愤怒这一事实。

2. 争取一些时间来恢复冷静。

3. 拉开必要的距离。

4. 确定要说的话并写下来。

正确表达愤怒的四个步骤

既然你已经接受愤怒的事实并掌控了自己愤怒，现在你就已经准备好有效地处理愤怒。

第一步：直接向冒犯你的人表达愤怒

为了避免冲突所带来的不适及可能的报复，友善的人往往选择把自己受到的冒犯告诉别人，而不是直接告诉冒犯者，例如：

- “我告诉你，她又对我撒谎了，把我气炸了！”
- “他那样对待我妹妹，真的把我气得要命！”
- “我简直不敢相信她在办公室里竟然那样说我！”

当别人冒犯你时，你向其他人倾诉你的不满，这就剥夺了冒犯者回应你愤怒的机会，也无法解决你的报复欲或修复你们的关系。相反，如果你按照接下来我们将讨论的方法，直接向冒犯你的人表达愤怒，那么你就可以达成多个目标：（1）可以让你的行动与感受协调一致；（2）可以减轻你的破坏性报复欲；（3）可以增加让他们停止冒犯你的可能性；（4）可以让你对自己的感觉更好。

在向冒犯你的人表达愤怒时，最好找一个合适的时间和场合与他们单独相处。只有在极少数情况下，当着别人的面表达对某人的愤怒才是得体或有益的。通常，如果可能的话，双方商定一个彼此都能接受的合适时间和中立场合，这样对双方都公平。

当然，由于地理距离、日程冲突或其他原因，面谈或许并不可行。这时你可以写一封信。写信的优点在于可以让你反复思考、修改和重写，直到表述准确无误。在你遭到误解或随后你的话被曲解时，留一个副本也非常有用。如果你有一个值得信赖且具备良好沟通技巧的朋友，并且你要谈的事情属于可以让朋友知道的，那么你可以请他们在你寄信前给出反馈意见。

第二步：先讲出你的恐惧

当有人令你愤怒时，你可能会感受到失望、受伤、沮丧，或者产生其他负面情绪，但恐惧几乎总是伴随其中。你很可能会将这种恐惧连同愤怒一起压在心里。恐惧会阻止你说出自己想说的话，而你要做的是将恐惧提升至意识层面，找出其根源，并对其进行深入思考。

也许你害怕一旦让他人知道你对他们感到愤怒，他们就会伤害你，或许他们会告诉你的朋友你是个坏人，他们可能会阻碍你升职加薪，甚至会让你丢掉工作。即使你们关系亲近，他们也可能会虐待你，甚至与你断绝来往。所有这些可能性都令你心生恐惧。

在内心深处，你知道真正关心你的人，不会因为你表达愤怒就收回他们对你的爱。然而，即使面对他们，你也可能害怕由此产生的负面反应。而且，你甚至可能害怕恐惧本身，害怕感受它、表达它，甚至害怕承认它。此处的关键在于找出恐惧的原因，然后**在讲出你的愤怒之前先讲出你的恐惧**。如果你能鼓起勇气这样做，这会让你在以下几个方面受益：

这会帮助你树立自信、塑造品格

当你压抑自己的愤怒和恐惧，或者只是告诉对方你很气愤，却没有承认自己也感到害怕时，你对自己和对方都不够真诚。相反，如果你承认自己的恐惧和愤怒，你就会做到完全真诚、全然在场、完全做自己，以及塑造自己的品格，也就是可以让你以真实的自己去感受和行动的道德、伦理和精神上的品质。

这会让你对自己和你所做的事情感到满意

当你意识到自己在不真诚地隐藏恐惧和愤怒时，你就会为此而感到内疚，因为你希望成为一个好人。这种负罪感反过来又会让你对自己感到气愤，而对自己的气愤又会导致你陷入难堪甚至抑郁。但是，当你表达恐惧和愤怒时，你就会因自己的真诚而感到充满积极的力量，也会因品格的提升而感到充实。

这会使你更容易表达愤怒

先讲出你的恐惧是为了让自己表现得脆弱，而不是像法官一样高高在上。谦逊和坦诚往往能引起富有同情的回应。相比之下，如果你以傲慢且生硬的方式发泄愤怒，可能会招致对方的防御性反击。因此，要先讲出自己的恐惧，这样不仅会让你表达愤怒更有效率，而且完成这项任务也会变得更容易。

你可以这样讲出你的恐惧：

“我不敢和你讲你让我感到愤怒的事情。”

或者，

“我很担心，如果我告诉你，你的某些行为让我感到愤怒，你会不悦，然后……（让我挂科、解雇我、拒绝我、向我朋友说我的不是等）。”

或者，

“我有件事要告诉你，但我现在紧张得直发抖。”

第三步：描述冒犯行为、你的感受及其原因

假设讲出你的恐惧已经解除了让你愤怒的人内心的防御，现在你已经来到沟通的核心部分。你可以在脑海中构建描述性而非指责性的陈述。与其指责或反击冒犯你的人，不如向他们描述：（1）他们的哪些行为冒犯了你；（2）这些行为让你产生了怎样的感受；（3）为什么这些行为会让你产生那样的感受。跟我一起练习有效描述性回应的三个构成部分（三要素公式）：

在第一部分，你可以描述一下他们做了什么让你愤怒：

对上司：当你拿走了我应得的佣金。

对室友：当你留下脏盘子让我洗。

对兄弟：当你以令我惊恐的车速载着我行驶。

对朋友：当你取笑我说的每一句话。

在第二部分，你可以说明一下你对他们行为的感受：

我感到自己的利益遭到了剥夺，并为此而愤怒。

我感到很气愤。

我感到恐惧和愤怒。

我感到没面子和愤怒。

这里需要注意区分：你要做的是描述你对所发生事情的感受，而不是你对那些惹怒你的人的感受。因此，你不可以辱骂或指责他们。来看一看二者的区别：

"我感到自己的利益遭到了剥夺，并为此而愤怒。"

不要说：

"我觉得你是个卑鄙的家伙。"

"我感到很气愤。"

不要说：

"我觉得你是个不顾及他人的懒鬼。"

“我感到恐惧和愤怒。”

不要说：

“我觉得你开车时就像个疯子。”

“我感到没面子和愤怒。”

不要说：

“我觉得你是个不顾及他人、可恨且傲慢的家伙！”

在第三部分，描述你为什么会有这样的感受：

因为销售人员理应得到他们应得的佣金。

因为我们说好了要各洗各的餐具。

因为你无谓地让我面临车祸风险。

因为你让我显得很愚蠢。

这三个部分构成了描述性陈述：

1. 他们做了什么（他们的行为）。
2. 你有何感受（你的感受）。
3. 你为何有这种感受（你愤怒的理由）。

以下是包含这三个构成部分的四个例子：

1. 当你拿走了我应得的佣金（上司的行为），我感到自己的利益遭到了剥夺，并为此而愤怒（你的感受），因为销售人员理应得到他们应得的佣金（你有这种感受的理由）。

2. 当你留下脏盘子让我洗（室友的行为），我感到很气愤（你的感受），因为我们说好了要各洗各的餐具（你有这种感受的理由）。

3. 当你以令我惊恐的车速载着我行驶（兄弟的行为），我感到恐惧和愤怒（你的感受），因为你无谓地让我面临车祸风险（你有这种感受的理由）。

4. 当你取笑我说的每一句话（朋友的行为），我感到没面子和愤怒（你的感受），因为你让我显得很愚蠢（你有这种感受的理由）。

第三个构成部分的目的在于确认你的愤怒是否合理。当你迫使自己说出“因为”时，你可能会发现自己的愤怒并非基于真实、公平或现实的原因，而是其他原因。你可能受到误导，或者可能误解了发生的事情。也许朋友向别人指出了一些让你感到羞愧的事，而你害怕这些事被曝光。或者，当你觉得受到别人轻视时，实际上可能只是你自己想象出来的。抑或，你的愤怒源于嫉妒。

举一个具体的例子，假设你十几岁女儿的行为让你感到不安，而且她并不理解你，你对她说：

“当你在外面待到凌晨2点才回来时（她的行为），这让我感到害怕和愤怒（你的感受），**因为**我在像你这么大时，我不能在外面待到这么晚才回家（你感到害怕和愤怒的理由，但这真的是个**合理**的理由吗）。”

一方面，如果你迫使自己说出“因为”，却发现自己愤怒的理由站不住脚，那么你可能要让自己避免难堪，并着手解决导致你被误导的自身问题。

如果你通过说出“因为”，找到了愤怒的正当理由，你就可以更自信地表达愤怒。例如：

“**因为**你这么晚回来，我担心你的安危，所以睡不着觉。我一直在想住在对面那条街的一个女孩，她上周遇到了歹徒（你感到害怕的理由，以及你女儿可能会理解的一个**非常合理**的理由）。”

如果你能够找出自己愤怒的理由，你就可以在表达愤怒之前仔细地确认它是否合理。如果你意识到自己的愤怒并不合理，这种愤怒很快就会消退，而最初激怒你的事情最后会看起来不那么重要。如此一来，你既能忠于自己，又能避免伤害重要的人际关系。

多年前的一个晚上，我回到家，发现芭芭拉正在厨房准备晚餐，眼中带着泪水。我们的女儿当时是一个典型的刚刚步入青春期的少女。她放学回到家，把芭芭拉早上给她熨好的裙子扔在了卧室的地板上。这种情况已不是第一次了。我希望我能让她感到害怕和内疚，从而改变自己的行为，于是提高嗓门，开始训斥："你怎么这么自私！你的房间乱得不像样！"她回应道："这是我的房间！"然后我更加严厉地说："你一点也不为你的妈妈着想！你……（一连串的数落）"结果，她闯进她的房间，"砰"地关上了门。每当我这样指责她时，就会出现这种情况，这是她唯一的回应方式。

我们那时才终于意识到我们需要求助于专业人士。于是，我们参加了一个养育培训班。老师向我们介绍了描述性陈述与指责性陈述的概念。我不再用负面指责对女儿"倾泻怒火"，不再指责她把衣服扔在地板上，这只会导致她把门关上，中断和我的交流。我开始对他说："每当你这样做时，我就会感到愤怒，因为这会让你的妈妈生气，我们的晚餐时间也会变得很糟糕。"她会回答："这是我的衣服，这是我的房间。"我会继续说："每当你为自己辩解时，我就会感到沮丧，因为这意味着你想继续把衣服扔在地板上。"她会说："妈妈不需要熨我的衣服，我自己会做。"我会回答："你这样说的时候，我就会感到更加沮丧，因为当你把衣服扔在地板上时，我们怎么能相信你会自己熨衣服呢？"诸如此类。

关键在于，尽管这些描述性陈述可能并没有让她更好地料理自己的衣服，但至少没有让她“砰”地关上门，中断与我的交流，而现在我们正在进行完整的交流。

你的愤怒是真实存在的。愤怒本身并没有好坏之分，它也不是什么值得自豪或羞愧的事。你的目的是创造性地控制愤怒的力量，这样你就能忠于自己，同时让那些冒犯你的人停止他们的行为。因此，你要做的既不是压抑愤怒，也不是暴跳如雷地指责对方，而是接受愤怒，必要时承认对表达愤怒的恐惧，然后在你释放愤怒时，以直接和描述性的方式表达出来。关键在于练习描述性回应的三个构成部分直到你能够熟练运用，并在愤怒爆发时立即运用它们。

第四步：告诉那些让你愤怒的人你对他们的诉求

此处你需要运用自我坚定的技巧。一旦你已经明确描述性回应的三个构成部分（他们的冒犯行为、你的愤怒感受以及你愤怒的理由），你就要以积极的方式告诉他们，你希望他们做出哪些改变，或者你希望他们做哪些与以往不同的事情。

也许你希望他们先道歉。如果是这样，你可以说：“你的行为让我觉得受到冒犯，我希望你为你所做的事情道个歉。”这样做不是为了羞辱他们或让自己觉得更有掌控力，而是为了让他们直面不尊重你的这种行为，并承诺做出改变。你完全有权让他们停止冒犯你。如果他们道歉，你立即表示感谢是合适的。如果他们没有道歉，可能是因为他们感到难堪，或不太善于表达。如果通过他们的表情和肢体语言，你能感受到他们对自己的所作所为感到后悔并打算做出改变，你就不必迫使他们道歉，也不必对他们施加不合理的压力。你可以让他们保住面子，从而为他们改变对待你的方式敞开大门。请记住，我们正在谈论的是那些你必须与之共同生活或工作，抑或是你希望与之保持长久友谊的人。

无论他们是否道歉，你现在的主要关注点应该是以坚定的语气直接告诉他们，你希望他们今后如何对待你：

- “从今以后，我希望你给我应得的佣金。”
- “以后，请你自己洗餐具。”
- “我希望每当我坐你的车时，你能遵守限速规定。”
- “我希望你在我的朋友面前尊重我。”

每当你请求别人以尊重和体贴的方式对待你时，你就是在呼唤他们展现自己最好的一面，而不是剥夺他们的自由。你不是在告诉他们应该或必须做什么，而是告诉他们你希望他们做什么。当然，他们可能不会满足你的诉求，但让他们知道你的诉求，这对你们双方都很重要。健康的人际关系要求你尊重他人，并期望自己也能得到尊重。

一套表达愤怒的新方法

从现在开始，当你意识到自己的愤怒，并找到合适的时间和场合来表达愤怒时，你会：

- 直接向冒犯你的人表达愤怒，而不是向别人倾诉。
- 先讲出你的恐惧，而不是愤怒本身。
- 描述冒犯行为，该行为让你有什么感受以及你有这种感受的理由。
- 告诉对方你希望他们做什么。

你会惊讶于这些步骤是多么有效。

假设这些步骤不起作用

无论你多么恭敬地对待一些人，你都会遭遇各种形式的抵触而非和解。其中一些人会选择回避，拒绝道歉，也不会表现出今后会尊重你的迹象。如果他们这样做，他们可能会让你们的关系破裂，甚至可能无法修复。如果对方是你的家人或朋友，这可能会伤透你的心。但即使他们不道歉，他们也可能不再做出不尊重你的行为。当然，这是你眼下的一个目标，也可能是你所能期望的最好结果。

虽然别人可能不会与你断绝关系，但他们可能会使用各种手段来为自己的行为辩解。他们可能会试图通过解释为什么你不应该觉得受到冒犯，来为自己开脱。例如，他们可能会表示：他们并没有做你所说的事情；你误会了；他们不明白你想要什么；他们对别人做了同样的事情，而对方并没有觉得受到冒犯；等等。如果他们的自我辩护让你无法确定他们是否愿意改变他们的行为，你可以重申你的诉求，以积极的方式再次表达：

- “佣金是我应得的，我希望你把它转给我。”
- “你认为把餐具留给我洗是理所当然的。我不同意，请你把餐具干净，收起来。”
- “我不在乎你开这么快的理由，也不在乎别人对此的感受。当我你的车时，我希望你遵守限速规定。”
- “你为取笑我找到了借口。但我再次请求你尊重我，这样我们还能做朋友。”

有些人可能会变得咄咄逼人，试图将矛头指向你，指责你软弱、自私或胆小，好像问题出在你身上。你可以承认自己可能有问题，但如果你想与他们保持健康的关系，你就必须坚持认为他们冒犯了你，而你有权让他们改变对待你的方式。你可能需要坚持表示：

- “虽然是你审核了那个账户，但那项工作是我做的。我想拿到我应得的佣金。”
- “你时间很紧，我可能不够理解你，但我的时间也很紧，我们说好了各洗各的餐具。我希望你尊重我们的约定。”

- “遇到有人开快车，我就显得有些谨小慎微，也许你的看法是对的，但我仍希望你遵守限速规定并认同我的看法。”
- “我可能对你的取笑过于敏感，但我就是这样的人。我希望你能体谅我。”

如果你因为没有很好地处理自己的愤怒情绪而想要道歉，那就尽早直截了当地道歉。然而，如果你确信自己受到不公正的对待，你永远无须为自己的愤怒而道歉。你要做的是尊重自己的愤怒，以维护自己的完整性，并尊重它所拥有的改变他人对待你的方式的力量。

当然，如果有人一再欺压你，他们会重新激起你的报复欲。他们不仅展现了他们最糟糕的一面，还会让你暴露你最糟糕的一面。那么，遇到这种情况，你能做些什么？

首先，你要决定不要让内心滋生报复欲，因为你要珍惜自己的健康。其次，在做出这个决定之后，你的报复欲可能会立即消失，你会感到如释重负。如果这种报复欲没有消失，你可以采用描述性的方式（三要素公式）向自己表达感受，然后再向冒犯你的人表达这种感受：

“当你继续冒犯我（他们的行为），
我想要报复你（你的感受），
因为你拒绝尊重我（你有这种感受的理由）。”

你可以补充说："我不喜欢自己内心的这种愤怒情绪，希望你不要再这样做了。"

一方面，如果他们坚持继续这样做，至少你可以避免让自己处于可能被他们冒犯的情境之中。这可能很简单，比如不再与你的朋友交往，或者拒绝坐你兄弟开的车（如果他的车是你的主要交通工具，这样做确实不容易。你可能需要权衡利弊）。另一方面，你可能需要采取激烈的行动，比如换工作或搬家。

当有些人发现他们无法继续冒犯你时，他们可能会与你断绝关系，不再见你。如果出现这种情况，你也没什么办法，但其实这样更好——与其和那些总是冒犯你的人相处，不如和他们再无来往。实际上，如果他们继续冒犯你，你可能不得不主动结束双方的关系。如果出现这种情况，你可以始终保持开放的心态，等待他们愿意尊重你并重新建立关系的时机出现。

关键在于：你只能与那些尊重你的合理诉求和愿望的人保持真诚的关系。冒犯你的人必须承认你的痛苦，并尊重你要求他们停止冒犯行为的坚持。如前所述，在这个层面上，有些人很难相处。你反复的直接描述性表达可能会打破他们的抵触。如果没有效果，至少你会知道自己已经尽力了，而且你无论对他们还是对自己的最大利益都保持了真诚。

处理未完成的事务

如果你对有些人怀恨在心该怎么办？他们有的已经过世，有的已搬到很远的地方，有的只是从你的生活中消失了。比如，小时候，父母或兄弟姐妹虐待过你，或者某个朋友背叛或攻击过你，而你从未对他们的行为做出回应。如今他们已经远离你的生活。你如何解决这个未完成的事务呢？

遭受过此类暴力确实令人痛苦，但一直怀恨在心毫无意义，也毫无必要，只会放大这种痛苦。如果你明白到这一点，并希望从中解脱出来，你可以做以下几件事：

以无害的方式发泄愤怒

你可能很想独自待在房间里，一边用拳头捶打枕头，一边大声咒骂。抑或，你可能对着录音机口述一封信，描述对方的行为让你有何感受，以及为什么你仍然很愤怒："你让我在所有朋友面前出丑！"这样我们强烈的感受诉求就得到了表达。这种诉求是一种原始的心理或情感现实，甚至可能是一种精神现实。许多人表示通过这种方式发泄愤怒对他们很有帮助。

原谅那些冒犯过你而如今已经远离你生活的人

像我刚刚描述的那样发泄愤怒可能会让你暂时感觉好受一些。这是因为你释放了负面的压力。但怨恨可能不会消散，因为你还没有处理自己这种长时间积压的负面情绪，也就是你的怨恨。如果你能原谅那些冒犯你的人，你的怨恨就会消散。但我们从何处获得原谅别人的意愿和力量呢？

如果我们厌倦了背负怨恨，准备尽一切力量来摆脱它，我们可能会发现原谅变得容易。如果我们做到以下几点，我们也可能更容易原谅别人：

- 清楚地看到，所有人都可能自私、刻薄，甚至毫无道理地虐待别人，包括像你我这样善良的人。
- 牢记我们也会冒犯别人，也需要别人的原谅。
- 确信积压的种种怨恨会损害我们的身心健康，它们伤害的是我们自己，而不是我们怨恨的那些人。

但是，如果我们无法忍受原谅别人这种想法，该怎么办？假如我们的怨恨控制了我们，又该如何应对呢？幸运的是，我们可以努力解决这个问题，并且在任何时候开始都不算晚。

你可以向自己承认你不愿放下心中的怨恨。仅仅正视你在抗拒原谅别人这一事实，就能让你从中解脱出来，放下怨恨。诚实地告诉自己，你不想放下对别人的怨恨，而你这种诚实的行为反而会激发你放下怨恨的意愿。因此，你或许可以这样告诉自己：“他故意让我在朋友面前难堪，他不值得被原谅。我不想就这么算了，我宁愿一直怀恨在心，哪怕这会毁了我，我也不会原谅他。”然后看一看接下来会发生什么。

原谅对于创造值得期待的未来生活至关重要。只有这样，我们才能让自己从曾经的伤痛中解脱出来，并摆脱沉重且消耗心力的怨恨。原谅能给我们的内心带来无与伦比的平静。停下来片刻，让伴随你的怨恨而来的负面情绪浮现出来，然后选择是否继续背负它们。如果你选择到此为止，那就原谅那些冒犯过你的人，然后将你此刻的新情绪与长期压抑的愤怒所引发的情绪作个比较。

想象一场原谅他人的对话

如果你发现自己希望原谅他人，却似乎做不到，你可以尝试想象一场对话。想象一下，那些曾冒犯过你但现在已远离你生活的人此刻就在你的面前，你正与他们对话。通过在脑海中想象他们，你可以让你的原谅变得生动且难忘，从而赋予其更强的情感力量。一旦你设定好了场景，并能想象自己站在对方面前，你就可以这样说：“你让我在朋友面前出丑，我一直对你怀恨在心，而我已经厌倦了这种怨恨。现在我原谅你曾经那样对待我，也请你原谅我的不足和过错。我很后悔，我们在一起的时候，我没有说出这些话，但现在我想说出来，我不想让这种怨恨继续横亘在你我之间。”

让他们接受你的道歉和原谅，然后感受一下看着自己给他们一个长久而温暖的拥抱是什么感觉。

通过仪式表达原谅并放下怨恨

如果你发现这种想象中的对话对你不管用，可以尝试做这样的练习：在一张纸上写下他们的行为、你的感受、你有这种感受的理由（三要素公式），以及你为何认为他们的行为是对你的冒犯。关键在于直接表达原谅（类似前面所讲）。然后把这张纸烧掉，把灰烬冲进下水道。让这个小小的仪式象征你愿意放下怨恨，并彻底释怀。如有必要，每周甚至每天进行一次，直到你的痛苦逐渐消散，或者你确信这个方法对你不管用为止。

类似的仪式：不是烧掉这张纸，而是将其埋在自家院子（或花盆）里。让它代你表决心**将你的怨恨掩埋在你内心以外的地方，用你的原谅来终结它。**在日历上标记一个时间，比如一周或一个月后将其挖出来。如果在挖出这张纸的时候，你的怨恨仍未消失，那就再写一份，再进行一次掩埋仪式。

倘若你发现自己的原谅意愿、想象中的独白以及仪式都无法帮助你摆脱怨恨，那么你可以将自己的遭遇告诉一位富有同情心的朋友，或一个互助小组，抑或必要时寻求咨询师的帮助。对有些人来说，相比书写，倾诉更能带来清晰感和勇气，而这种表达形式的优点在于，它能让你从不同的角度获得支持和顿悟。

选择如何处理当下或长期的愤怒，需要思考和精力，这些步骤起初执行起来可能会很困难，而且显得有些笨拙。确实，我们通常不会轻易地改掉伴随一生的习惯。但只要稍作深入思考，保持耐心并付诸实践，我们很快就能培养出基于良好意图的积极习惯。当你这样做的时候，你就会觉得自己更加真诚、自然，你会为自己的成长而感到自豪，也会更加享受生活。

而且，你将仍然是一个善良的人。

你 的 善 良 必 须 要 有 锋 芒

原则 5

不要和不理智的人讲理

你把本地政界的一位朋友称为“妥协者”，意指他擅长与他人合作。一个共同的熟人无意间听到了你话中的这个部分，却以为你在说他没骨气。第二天，她将此事告诉了你那位朋友，他很不高兴。当你听说了这件事时，你打电话向他解释。可你话还没说几句，你的那位成熟、理智的老朋友却勃然大怒，骂你是个骗子，然后“砰”地一声挂断了电话。

几年前，我开车去银行办理业务，顺便去五金店买一些钉子和托架。就在我发现一个方便的停车位时，我注意到前方一辆老款雪佛兰停了下来，似乎要倒进那个车位。于是，我保持距离，等着，等着……后面很快排起了一长串车子，至少有一名司机按了喇叭，我也开始变得不耐烦起来。这时，我看到一位老妇人从那辆雪佛兰的右前门缓缓出来，吃力地下了车。我以为她要去购物，于是我一头扎进了那个车位，庆幸自己运气不错。

等我走到路边时，那辆雪佛兰的倒车灯亮了起来。我看得出来，那位开车的老先生停车本就吃力，现在他发现车位没了，显得十分慌乱。我刚刚以为他不要那个车位了，所以才停了进去，对此我并没有感到内疚，但立刻又为他感到难过，于是朝我的车退了几步。与此同时，他仍然坐在那里，后面的车开始无情地鸣笛，引来了众人的注意。就在他终于驶离时，一个年轻人突然冲到我面前，用大得整条街的人都能听见的声音对我说："我看到你刚才对那位老人做的事了，你简直太过分了！"我惊呆了，试图向他说明事情的原委，但他怒气冲冲地走开了，并对着路过的行人（其中有些人认识我）说，他从未见过如此自私的行为。我追上去还想解释，但他冲我大吼："闭嘴，别跟我说话！"他的指责让我感觉糟糕透了，心烦意乱，甚至觉得自己很过分。我花了很长时间才摆脱这种感受。

生活中并非事事都合乎常理。我们经历的某些方面完全不合逻辑。其中一些方面是积极的，比如浪漫、激情、奇遇、奇迹以及偶然的好运，它们给生活增添了色彩。但有些人不理智的行为令我们困扰，尤其是一些人对我们做出的毫无根据的负面情绪反应。我指的是他人对我们进行的批评和人身攻击，而这些批评和攻击针对的是我们未曾做过的事情，或至少并非有意为之，抑或我们实际上有正当理由那么做。

每当他人认为我们冒犯或威胁到他们时，一个内心的声音就会立刻告诉他们，要不惜一切代价回避冲突，而且这种冲动非常强烈。但在某些情况下，愤怒的声音同样会立刻出现。这种带着报复倾向的声音压过了那个声音，让他们不是选择回避，而是选择对我们发起攻击。一个同事因为你对待她的方式而大发雷霆，尽管你以同样的尊重态度对待办公室里的每一个人。一个朋友到处说你做某事是出于险恶或自私的动机，而事实上，你光明磊落，毫无私心。你不小心冒犯了一个家庭成员，他暴跳如雷，就好像你是故意那样做的一样。

我们无法预测他人会在何时以何种形式不理智地攻击我们。他们的愤怒可能突然爆发又迅速消退，然后让他们闷闷不乐，或者他们会大动干戈地与我们纠缠不休。他们可能会在别人面前议论我们，或选择当面与我们发生冲突。他们可能会肆无忌惮地冲我们咆哮。他们爆发的情绪和种种盲目的冲动会在他们与我们交锋之处四处反弹，或者他们可能只在没人注意的时候背地里中伤我们。无论他们的攻击方式如何，当他们不理智地攻击我们时，我们就会觉得他们诋毁了我们的人格和名誉。

这种攻击，无论形式如何，都会让我们感到受伤、震惊、恐惧和恼怒。当然，作为善良的人，我们不会通过向指责我们的人发泄愤怒来进行反击，我们可能会向别人倾诉，以寻求支持。但对于那些不明就里贸然介入的人，我们会控制自己的回应，并怀着良好的意图尝试解释一下真实情形。

当然，我们有理由保持理智。我们希望通过心平气和地讲道理来让攻击我们的人冷静下来，并纠正他们的看法。他们向我们抛出一连串的理由，以证明他们发起的攻击是正当的，所以我们想让他们明白他们的攻击并不正当的理由。同时，尽管这种时候他们的言行对我们来说似乎毫无道理，但我们出于善良的本性给予他们一定的宽容，并将他们当作心智成熟的人来对待，而不是质疑他们的动机，或假定他们的心智有问题。然后，我们希望通过理智地为自己辩护，来向自己证明自己的通情达理，并为我们未来的行为确立一个可接受的基础。

然而，在这种情况下，为自己进行理智的辩护是个错误。但由于这恰好是我们善良品性的延伸，并且似乎是正确的做法，因而我们很难将其视为错误。因此，在进一步讨论之前，先来看看为什么这样做是个错误。

为什么和不理智的人讲理是个错误

1. 以理智回应不理智行不通

一个人和不理智的人讲理，说明他并没有认清现实情况与攻击者不理智行为之间的鸿沟。我们基于错误的假设做出回应。我们相信只要澄清事实，攻击者就会突然明白并撤销他们的指控。我们认为如果我们通情达理，他们也会如此。我们还认为如果我们解释一下为什么自己要那么做，即使他们仍与我们存在分歧，也乐于各自保留意见。这就如同试图和正在发脾气的孩子讲道理一样。我们做出了一个

基础性的误判：我们看到的不是他们真实的样子，而是我们希望他们

种方式为自己辩护，无异于竹篮

辩护

他们讲，我们理解他们受到的

。当我们进行自我辩护时，我

明。他们想从我们这里得到某

到的回应。我们和他们根本不

现

如果我们像他们指责我们那

，甚至怒不可遏。然而，因

假装自己不生气，还试图心

愤怒和冲突本身都被掩盖起

应不仅无法化解冲突，反而

常 们的自我辩护令攻击者感到

恼 加猛烈地回击。当我们意识

到 理智去压制对方，从而制造

了更大的隔阂。如果这种隔阂和伤害变得过于严重，并且我们觉得自己未能实现预期目的，我们就会放弃同他们继续沟通，甚至有可能断绝关系。

一种替代讲理的回应方法

你是否确信以理智回应不理智是无效的？你是否希望找到一种有效的替代方法来回应？如果是这样，你要先决定不再为自己辩护，即使你还不知道应该用什么方法来替代。然后记住以下两点：

- 与不理智的人讲理只会适得其反，因此从现在起，我将不再这么做。
- 如果我为自己辩护，情况只会变得更糟，那么我将不再这么做。

假设你已经迈出上面这一步。现在，你需要学会以既能保持你的完整性，又能修复你的人际关系的方式来应对不理智行为。你需要下决心去弄明白这些攻击的本质，以及如何调整自己的回应方式。

让我们来看一下关于这些攻击的五个已知事实：

1. **别人会出于多种原因而攻击你。**他们可能：

- 错误地将你的某个行为理解为有害或有威胁性的。

- 正遭受暂时的身体或情绪危机（心脏病发作、失业、离婚等），这些危机扭曲了他们对现实的认知。
- 对你在一些敏感问题上所表达的观点极为反感，以至于无法理智思考或控制情绪。
- 发现你妨碍了他们的利益：你在错误的时间、错误的地点，无辜地成为错误的人。
- 因你带给他们的消息而生气。
- 把你在他们身上引发的负罪感或愤怒转移到你身上。
- 对自己感到不满，却又无法责怪自己。
- 极度渴望从你那里得到一些你不愿给或不能给的东西。
- 认为你掌控着他们，然后利用他们对自己能力不足的恐惧。
- 想要控制你，而你拒绝让他们这么做。
- 将你理想化，而你令他们不切实际的期望落空。
- 因你的种族、性别、性取向、外貌或其他不应成为评判依据的因素而对你产生偏见。
- 正在服用某些使他们思维混乱并变得易怒的药物。
- 可能患有精神疾病、滥用药物，或遭受家庭暴力，因此长期易怒，并将这种情绪发泄出来。

2. **确定攻击的原因，有助于你更有创造性地做出回应。**不理智的攻击往往源于多种因素的结合，因此确定具体原因并非易事。但这很重要，因为不同的原因需要不同的应对策略。例如，回应源于简单误会的攻击和回应因精神疾病所引发的攻击，需要截然不同的方法。同时，当你了解强烈情绪反应背后的原因，它就不会那么令人困扰，也更容易处理。因此，当你遭受攻击时，你应立即问自己："为什么会发生这种情况？这背后是否隐藏着我未曾察觉的因素？"

3. 尽管攻击者对你的指责在你看来荒谬可笑，但在他们看来合情合理。你通常要应对攻击者的两方面的问题：（1）他们的不理智攻击；（2）他们坚信自己的行为完全合理。一旦明白这一点，你就可以耐心地与他们沟通，并且能更有效地沟通。当你与那些你不想失去的朋友相处时，对这一点保持敏感尤为重要。

4. 攻击者感到受伤且处于失控状态。认识到这一点，或许有助于你不把攻击行为看成是针对你个人，从而避免自己反应过度。你的行为或许引发了他们的攻击，但真正导致他们发起攻击的是他们的痛苦、恐惧和烦躁，而不是你。意识到这一点很重要，因为你不想拔高他们的不理智。而且，你最不想做的就是加剧他们的强烈反应，因为如果不进一步激化，所有愤怒往往都会很快平息下来。

我并不是说你要宽恕不正常的行为，或任由霸凌者欺负你。我只是担心你首先关注的是他们的痛苦和烦躁。无论你是否冒犯了他们，他们已经做出负面反应，因而你必须认真对待这种反应。关键在于：他们的痛苦感受和情绪烦躁与他们针对你的不理智指责是两码事。由于痛苦和烦躁都先于指责出现，所以你需要首先回应这些情绪，然后再去处理指责本身。

5. **你正在参与一个动态的过程，敏感性、时机和灵活性在其中都至关重要。**这个过程要求你时刻识别自己的感受，并决定如何表达这些感受。这个过程还要求你判断你的回应对攻击者情绪状态所引发的瞬间变化。此外，这个过程意味着你要判断攻击者在任何特定时刻能够接受你的哪些回应，以确定何时据理力争，何时适时退让。

确认你的判断

在冲突开始的时候，务必再三确认你的判断，即攻击者是否真的不理智。这些攻击会让你措手不及，威胁到你的个人利益，而你觉得自己有必要去维护这些利益。因此，你有可能反应过度了，并对假定的不理智行为做出误判。你坚信他们得出了不合理的结论。但如果你在与他们对峙之前确认一下自己的判断，这可能会让你们双方都免于陷入难堪，并挽救一段重要的关系。

如果那些攻击你的人似乎已经控制住自己，而你认为这只是一个简单的误会，那么你就能很快地对情况做出判断。你可以说："对不起，我想我可能让你误会了。我们能谈谈吗？"或者"我需要把事情梳理清楚，你是否意识到我指的是……"如此一来，你很快就会知道这是否仅仅是个误会。如果对方回答："哦，你是这个意思吗？我还以为你在说……”那么问题可能就迎刃而解了。但如果对方的不理智占了上风，你将遭遇更激烈的反应，无论你的解释多么周全，都无济于事。

寻找其他迹象：攻击者此前是否有过类似的行为？他们是否对你的解释完全不感兴趣？他们是不愿同意各自保留意见，还是只想看到你名誉扫地并受到惩罚？攻击过后，他们是否想要装作什么都没有发生一样？他们是否正在服用会导致易怒行为的药物？你所尊重的那些客观公正的人，是否也得出了与你相同的结论？如果你对这些问题中的任何一个，做出了肯定回答，那么你可能正在面对不理智的攻击。

即便如此，你仍然有可能做出误判。或许你可以请第三方来听取你们双方的陈述，并做出评判。如果他们得出结论，认为攻击者有理由对你感到不满，而你也认同他们的观点，这时你可以道歉，并修复你们的关系。相反，如果他们证实了你的判断，即你受到了错误的指责，那么你可以更自信地继续对话。

启动替代回应流程

由于你现在对不理智的攻击有了新的理解，你将不再立刻感到必须为自己辩护。但这还不够，你必须学会以一种能够改变事态的方式来做出回应，不仅要确保事实受到尊重，还要修复彼此的关系。设想这样一个场景：一个善良的年轻女子在面对人身攻击时，理智地做出了回应。

玛丽在一家正在进行重组的服务俱乐部担任秘书。她的一项任务是代表指导委员会，通知委员们各自的分工。一天早上，她接到一名委员的电话，此人是一位备受大家尊敬的工程师，但同时也以不易共事而闻名。他告诉玛丽，他对玛丽将他分配到设施委员会感到很愤怒。他曾明确表示希望加入预算委员会，并坚持要求玛丽将他调换过去。

玛丽立刻回想起，当时指导委员会一致同意，尽管他本人有自己的偏好，但还是希望他在设施方面发挥专长，因此他们决定将他安排在设施委员会。于是玛丽开始解释对其做出这样分工的理由。但他打断了玛丽的解释，并表示他讨厌指导委员会无视他的意愿。出于帮助的意图，玛丽开始向他说明如何对委员会的决定提出申诉。他却告诉玛丽，他对整个程序已经厌烦透顶，并提高嗓门说："重新安排我的分工！"

玛丽冷静地开始解释她作为秘书不能这样做的理由。他再次打断玛丽，大声喊道："让我加入预算委员会！"玛丽重申自己没有这个权利，并开始解释他亲自要求更改分工这件事有多方便。这时，他开始大吼大叫，抱怨所有人都在摆布他，包括玛丽。这让玛丽感到既惊讶又不解。还没等玛丽缓过神来，他就骂骂咧咧地挂了电话。玛丽觉得自己受到了冒犯，并且感到困惑、愤怒和沮丧。而且，她现在遇到了一个棘手的问题。

现在，把自己放在玛丽的位置上，想象一下接到那通令人崩溃的电话的人是你。记住我们刚刚讨论过的五个认识：

1. 不理智的攻击可能出于一个或多个原因。
2. 确定攻击的原因，有助于你更有效地回应。
3. 攻击你的人认为自己的行为是合理的。
4. 真正导致他们发起攻击的是他们的痛苦和烦躁。
5. 敏感性、时机把控以及灵活性很重要。

在你的脑海中确认他的攻击是不合理的，且对你、他本人以及俱乐部都是有害的。假设你的首要目标是与他建立相互尊重且正常的关系。现在，请跟随我通过以下几个步骤，走一条不同于玛丽尝试过的讲道理的路径，向着这个目标前进。

第一步：叫暂停，冷静下来

你的首要目标不是控制攻击者或为自己辩护，而是控制自己对他的不理智攻击所做出的回应。他可能会失去控制，但你也会感到烦躁和愤怒，甚至可能会感到震惊。因此，你可以对自己说："冷静下来！"你可以让他尽情地宣泄愤怒。等到风暴过去，你会更加冷静，并在一个更为平和的氛围中对他做出回应。当然，你不希望永远对自己的感受保持沉默，也不希望他持续咆哮。但你要意识到有效地解决冲突比立即回应冲突更重要，而且时间对你有利。因此，你可以先让自己冷静下来，听他把话讲完。等到他给你说话的机会时，便承认他的反应让你措手不及，然后让他给你一点时间来恢复。

如果他不愿意听你说话，继续咆哮，你可以接着说："我愿意听你说，但请你慢点说。"如果他仍继续咆哮，当他停下来喘口气时，你可以插话说："让我看看，我是否理解了你的意思。"然后用自己的语言，复述一下你听到的内容。如果他不允许你这样做，或者辱骂你，你可以说："我不喜欢别人这样对我说话，请你不要再这样说。"如果他完全失控，根本停不下来，你可能需要暂时退一步，并表示稍后会给他回电话。此刻，你的主要目的是缓和紧张的气氛，控制好自己的情绪。（如果是通过信件或其他书面形式受到攻击，或从他人那里得知自己受到指责，你可能会有充足的时间来让自己冷静下来。）

第二步：与攻击者共情

作为一个友善的人，体谅他人的感受对你来说可能是自然而然的。但共情并不意味着你要为他负责，或试图解决他的问题。共情也不意味着你要对他表示怜悯，抑或像同情那样认同他的感受。共情与同情是两种完全不同的回应。

共情涉及一系列逐步升级的回应，就像逐级上楼梯一样，你需要一步步地更紧密、更有效地与攻击者建立联系。

1. 站在他的角度看问题

在共情的第一个层次，共情仅要求你设身处地从他的角度看问题。一旦你已经控制住自己的情绪反应，就利用你的想象力，站在他的角度，尝试透过他的眼睛去看问题。这是理解的第一步。

2. 找到同情心

在共情的第二个层次，共情意味着对他抱有同情。同情意指“共同承受痛苦”。现在关键在于将他视为一个受伤的人，因为这次遭遇，他成为你的一部分，一个活在你内心的人。这意味着你要尊重他，在乎他，愿意与他共同承受他的痛苦。

当然，你可能并不渴望感受他的痛苦。毕竟他攻击了你，而你想要立即反击，对他发出谴责。当然，你不能这么做，因为你是个友善的人，你希望与对方搞好关系。你知道谴责对方虽然会在那一刻让你觉得自己有理，却无助于温暖他的心灵，或改善他的行为。事实上，谴责只会让他更加愤怒。因此，你已经控制住了自己强烈的情绪，并让自己冷静下来。你现在可以充分利用自己关怀受伤之人的本能，调动自己所有的成熟、技巧和同情心，去感受他的痛苦。再说一遍，共情并不是要求你认同他的反应，或任由他欺凌你，而仅仅是让自己愿意去理解和感受他的的痛苦。

为了找到同情心，你需要仔细倾听他所使用的话语，更重要的是关注话语背后的感受。你通常可以从他的语气、声音大小和表达的内容中分辨他的感受。（要是他在场，你还可以观察他的面部表情和肢体语言。）这可能并不容易，即使你在努力分辨他的感受，你的内心也存在各种嘈杂的声音，会催促你去组织反驳的话语。你可能需要付出很大的努力，才能不让它们分散你的注意力，从而准确地了解他当下的感受和反应。

3. 把他的感受反馈给他

在共情的第三个层次，你可以把他的感受反馈给他。如果你能够平息自己的愤怒，倾听他的遭遇，避免防御性反应，并对他的痛苦感同身受，那么你就可以**向他反馈你对他的不满情绪的理解。**这样做，你就能大大平息他的愤怒，因为他会看到你在认真地对待他，看到你认为他值得你花费时间并给予关心。

此时，区分反馈他人感受与重复他人话语非常重要。正如我之前所指出的，在某些情况下，有必要复述别人所说的内容，这样既可以确保自己正确理解，又可以让他们愿意听你要说的话。但在此处，我们要做的并非复述话语，而是要像一面镜子一样反映出那些促使他们做出攻击行为的强烈感受。

如果我们仅仅反馈本案例中那位工程师的话，比如他说："你这样对我很不公平！"你接下来会说："我听到你表示我这样对你很不公平。”或者如果他说：“我坚持要求将我分配到预算委员会。”你回应道：“你坚持要求将你分配到预算委员会。”但这并不是共情，这只是个无法取得进展的文字游戏，可能会让他变得更烦躁和抗拒。相反，如果你能反映他的感受，他会感受到被倾听和理解，更有可能愿意听你要说的话。在这个层次上的共情，听起来是这样的：

“你因为我对待你的方式而感到生气（感受）。”
不要说：
“你说我对你不公平。”

“你对未能进入预算委员会而感到不满（感受）。”
不要说：
“我听到你说你想进入预算委员会。”

在刚开始练习这种技巧时，你可以采用的一种反映感受的方法是在回应时以“**你感到生气**……**烦躁**……**沮丧**……**受伤**”这样的话语开头，无论具体是什么感受。你不需要每句话都这样开头，但如果把代表感受的词牢记在心，这可以让你专注于正在努力做的事情。

如果你能正确地解读并反映他内心的不满，他可能会说：“没错，我很不满！”如此一来，你就会让他知道你理解他，并允许他在接纳的氛围中进一步表达他的感受。如果他否认自己生气，或迟迟不能领会你的意思，你只需简单地说：“我听到了，我明白了。”

4. 确认他的感受

在共情的第四个层次，你可以通过接受攻击者的遭遇，来确认其感受。再说一遍，这并不意味着你认同他，也不要求你告诉他："我完全明白你的感受"（即使你确实明白，但很可能你并不完全明白）。当然，这更不意味着你要向他道歉。道歉仅适用于你确实冒犯他人的情况，而在当前情境下，并非如此。确认他的感受，只简单地接受他的遭遇是真实且合理的，并告诉他这一点。这个过程可以包括以下表达：

- "将你安排到设施委员会，却没有对你做出任何解释，你一定感到难以接受。难怪你对此感到不满。"
- "你希望加入预算委员会。我能理解你感到气愤的理由。"
- "如果我站在你的角度来看待这件事，我想我也会生气。"
- "我肯定自己无法体会你正在经历的这一切。"

注意共情与不恰当的道歉之间的区别："我们错将你安排到设施委员会。"也要看到它与讲道理和说教式的自我辩护的不同："之所以将你安排到设施委员会，是因为你的技术专长，你不该生我们的气。"

那些专门研究助人职业的人士普遍认为，对于那些感到受伤和烦躁的人，要想消除他们的敌意并修复与他们的关系，基本靠与他们共情。我们一直期望从咨询师、社会工作者、医护人员、神职人员以及教师那里获得共情。自20世纪50年代以来，随着心理学的普及，如今几乎每个人都知道什么是自负行为和偏执狂。人们逐渐相信，只要愿意，几乎所有人都能培养出共情所需的技巧。

如果你能在冲突发生的早期，做到以下几点：(1)识别攻击者的感受；(2)对他的烦躁和痛苦心生同情；(3)反馈你所感知到的东西；(4)通过接受他的遭遇来确认他的感受，那么你就会大大减轻他的情绪负担，与他打交道也会变得更容易，甚至可能立即促成和解。即使未能立即和解，至少也能赢得他的信任，从而在未来的某个时候，你们可以就他加入哪个委员会进行富有成效的讨论。当然，仅凭共情并不能让他对进入设施委员会的分配方案感到满意。但由于共情涉及尊重他的自由，所以共情能够唤起他的积极回应，并且比努力以讲道理的方式捍卫自己的立场更能有效地解决冲突。

第三步：对他的痛苦表示难过

这一步可以让你超越仅仅识别、反馈和确认攻击者感受的层面。这样做能让他知道，你同样对导致他产生这些感受的原因感到难过："你受到了伤害，因为你觉得自己受到了不公平的对待，对此我感到很难过。"再次强调，你并非在说你对他不公，或他的攻击是合理的。你是在让他知道他受到了重视，并且得到了倾听，这是他当下最关心的两个方面。如果你能做到这一步，你就有望看到他以不同的方式看待和对待你。

如果他错误地将你的共情和难过理解为认同，或者误以为你在道歉，并且为了让你接受他的看法，他不愿听你试图澄清的意思，你可以这样说："你好像认为我同意你的看法。这让我感到很沮丧。我对你的遭遇感到遗憾，但如果我们要一起共事，我需要你尊重我的意图。"

假设你已经完成了前三个步骤：(1)你叫了暂停；(2)你通过共情的各个层次与他进行沟通；(3)你对他所遭受的痛苦表示难过。你就为相互尊重和一定程度上的礼貌对话奠定了基础。甚至有可能你已经使他冷静下来，并意识到自己的错误，向你道歉。也有可能你并未做到。如果是这样，那么问题的解决及和解就会变得更加困难。因此，接下来的四个步骤，更为复杂且有风险，需要更高超的技巧。在继续之前，你可能需要回顾这部分内容，并对前面三个技巧进行演练或角色扮演。

第四步：与他持续交流感受

在某个时间点，一旦你觉得他已经冷静下来，并且双方已经建立起一定的信任和尊重，你就可以提起他那些让你感到愤怒的不公指责。到达这个阶段，可能需要花一些时间，你也许不想在这次谈话中提起，但这是迟早要做的事。如果你想达成一个令人满意的解决方案，从而形成健康工作关系的基础，那么讲出你在与他交打交道程中的负面感受将是非常重要的。

你可以主动提出来。如果你认为让他了解你的立场以及你对冲突的感受很重要，可以直接告诉他。如果你相信双向的礼貌对话对于解决问题至关重要，也要告诉他。你可以告诉他你希望双方能够彼此倾听，不打断对方的发言。如果他同意，在你讲出自己的感受之后，让他告诉你他对此有何感受。你的目标是建立一种倾听模式，以便在理解彼此立场的同时，也能在感受层面上相互理解。

在你们双方都冷静的时候采取这一步骤至关重要。因此，你需要了解彼此的情绪状态。他是否还在发怒？你内心的风暴是否已经过去？你的喉咙是紧绷的还是放松的？倾听你的身体，它会告诉你自己是否已经摆脱了恐惧、怨恨、愤怒、困惑或沮丧的支配。一旦你察觉到你们双方都变得相对平静且专注，就直接而脆弱地把你的内心感受告诉他：

- “无论你是有意还是无意，我觉得你的攻击冒犯了我。你的愤怒让我紧张，我不知道该怎么说。”
- “请给我一点时间。你指责我在摆布你，这让我现在很不高兴，我不知道该说什么。”
- “我很难处理我的困惑和不满。你攻击了我，这让我很生气。”

这个互动模式是这样的：把你的感受告诉他，倾听他的感受，然后把他的感受再反馈给他。等他再次回应时，再次把你的感受告诉他，并再次倾听他的感受。只要你们始终专注于坦诚地表达自己的感受，你们就更有可能及时解决问题。

任何时候，他都可能试图转移话题，以回避自己的问题。要让他专注于当前的话题，并且只讨论事实。一旦你们对彼此的感受获得一些清晰的认识，可以稍作休息，好好思考一下你们所听到的内容，并消化一下这段经历。你们还可以设定一个再次对话的时间。

第五步：要求他公平地倾听你的观点

你已经以尊重的态度倾听他对你的指责。除了了解你的感受，他也需要像你那样，倾听和理解你的立场。当你认为他已经准备好理智对话时，你就可以看着他的眼睛说："我的观点对我来说很重要，我希望你能听一听。"

如果他表示愿意听你说，那么你就可以开始解释委员会的决策过程、委员会和你的职权、将他分配到设施委员会的理由，以及申诉的流程。如果他不愿意听你解释，你可以告诉他，这让你感到不知所措。你可以说："我尊重你表达自己看法的需求和权利，但我也需要你理解和尊重我的立场和观点。"

第六步：如果他不能积极回应，或许你可以创造一种同意各自保留意见的氛围

讲出你的立场和观点可能会引发对方再次做出最初的反应。如果出现这种情况，你可以再次暂停对话，再次表达共情，以及再次努力

澄清感受。在他变得通情达理之前，这或许是你唯一能做的了，而他也许永远都不会变得通情达理。不过，你可以继续寻求理解，前提是你们双方都希望解决分歧，或者至少愿意接受这些分歧。

如果他表现出通情达理的迹象，但仍不同意你的观点，要提醒自己，你的目标是建立一种关系，这种关系并非基于意见一致，而是基于你对相互理解、相互尊重和真诚坦率的关切。因此，当双方情绪冷静下来，你发现你们依然存在分歧时，你可以说："很明显，我们对这个问题的看法截然不同，难怪我们会有冲突。这可能需要我们双方共同努力。"

当你平静而直接地说出这样的话时，你所传达的是这样的想法：有分歧是正常的，表达并接受不同的观点是有益的。也许当他以前表现出类似行为时，从来没有人这样和他交谈过。你的坦诚态度可能会缓解紧张的气氛，让他能够更多地反思自己，看到自己立场不合理的地方，并做出改变。当然，他也可能不会做出改变。

如果他没有做出改变，反而加剧紧张气氛，而你又不知道该如何应对，你就可以再次请求暂停对话，从而让自己理清思绪："请给我一点时间，我现在不知道该说什么。我稍后会再与你沟通。"

由于你在应对非理性或不理智的行为，因而关键在于要认识到，你所有的暂停、所有的共情、所有的感受交流、所有对耐心的请求、所有对解决冲突的渴望、以及所有的理解和客观，可能都收效甚微或无效。

那么，如果你最终觉得自己受到不公正的对待，并感到沮丧，又该怎么办呢？你可能会认为至少他应该向你道歉。如果是这样，在合适的时机到来时，你可以告诉他："我认为你对我不公，你应该向我道歉。"如果他能承认错误并表示歉意："是的，我错了，我当时的反应很不恰当，对不起。"这时你可以说："谢谢你。"并向他伸出友善之手（在更私人化的关系中，这一刻你们可能会含泪拥抱）。你们的关系可能已经得到了它所需要的所有修复。

如果他仍然表现得好像自己没有做过任何冒犯之举，而拒不道歉，那你就没什么办法了。一个被迫做出的道歉毫无意义。他甚至可能会否认是他制造了这场冲突。事实上，他可能会将所有责任都推到你的身上，坚持认为你和委员会都应该向他道歉。

如果是这样，为了维持工作关系，你需要决定自己愿意做什么和不愿意做什么。你可以再次告诉他，你对他觉得自己受到不公的对待感到难过。你会尽量不再让他感到不满，但你不能假装一切都很好。最后，即使无法与他达成建设性的共识，或者让他同意各自保留意见（这确实令人难过），但至少你会知道，你对自己和他都做到了真诚。

第七步：让他知道你不会容忍自己受到冒犯

即使没有收到道歉，你也可以通过使用上一章介绍的三要素公式，来表达你的愤怒，从而让你们的关系保持完整：

> “当你冲我大声喝骂（他的行为），我觉得自己受到了冒犯（你的感受），因为我并没有故意冒犯你，而且我一直以尊重的态度倾听你的观点（你觉得受到冒犯的理由）。”

如果他不理睬你，继续发脾气，且再次攻击你，礼貌地请他停止。如果他不肯，你可以坐在那里任他去骂，或者你可以中断与他进一步沟通。中断沟通是出于对自己的尊重。出于对他的尊重，在中断沟通时，你可以直接告诉他你要做什么，并请他在愿意不再辱骂你时重新建立你们的关系。

一套回应不理智攻击的新方法

当遭受不理智者的攻击时，你现在可以按照以下步骤进行应对，或者可以根据对话需要，跳过或重复某些步骤，或调整它们的顺序：

- 暂停对话以恢复沉着冷静。
- 对攻击者的困境和感受表达共情。
- 让他们知道你对他们感到受伤和烦躁表示难过。
- 促进双方相互交流感受。

- **如果他们变得尊重你，请他们倾听你的观点。**
- **如有必要，最后请他们同意各自保留意见。**
- **让他们知道你不会容忍自己受到冒犯。**

毫无疑问，你将在未来遭遇不理智的攻击，就像你在过去所经历的那样。从现在开始，你无须再以讲道理来回应。同样，你也不必无视、容忍或屈服于这些攻击。每次你都可以根据你的判断，并始终以尊重的态度回应那些攻击者，然后酌情采用这些步骤中的几个或全部，来修复你们的关系。

无论这些方法最后是否奏效，你的努力都会让你对自己感到满意。在激烈的对峙中，你有时难免会失去冷静，说错话，抑或未能说出你事后希望当时会说的话。即便如此，现在你既然已经明白，也付出了努力，你会发现这种新的回应方法比试图理智地自我辩护令你满意得多，也有效得多。

而且，你将仍然是一个善良的人。

你 的 善 良 必 须 要 有 锋 芒

原则 6

以谦逊体贴的态度讲出真话

上司突然给你指派了一名新的工作搭档。上午，你们各自处理各自的事务，但下午，你要一直与他并排坐着，一起审看财务报告。你们所在的办公室没有空调，他出汗特别厉害，散发的体味让你难以忍受。他是个努力上进的小伙子，你不想伤害他的感情。几天后，他表示非常荣幸能和你一起工作。

我和芭芭拉婚后不久，在一场聚会上，认识了一对很和善的夫妇，他们当即邀请我们去他们家共进晚餐。在约定的那个晚上，当我们正品尝美味的开胃菜时，男主人说他妻子准备了一道家传菜肴，那是一种配有特制切达奶酪的土豆泥。当菜上桌时，我发现我盘中的土豆泥又硬又凉，淡而无味。就在我们清理餐桌准备享用甜点时，女主人看着我问："顺便问一下，你觉得这道土豆泥怎么样？"我并没有实话实说，而是对她撒了个谎。

作为善良的人，我们不会为了利用他人或满足私欲而撒谎。然而，在受到威胁的情况下，任何人都有可能选择说谎，也许是为了保护我们所爱之人——比如战时的俘虏会对看守说谎。对于那些明明事情与他们无关却问东问西的人，你可能会选择以撒个谎来搪塞。对于那些对你很重要的人，你很可能会为了避免与他们发生冲突而选择隐瞒实情。当然，有时你会说，你撒谎是为了不伤害其他好人的感情。

更具体地说，每当你认为自己无法既说出真话又保持友善时，你就会选择撒谎。我们将这种困境称为“两难困境”，即社交情境为我们提供了两种选择，而每一种选择似乎都同样糟糕。在这种两难困境中，无论是“友善但不诚实”，还是“诚实但不友善”，似乎都让人难以接受。当你感到无计可施时，作为一个善良的人，你就会选择撒谎。造成这种两难困境的现实情形，主要有两种：

一种是，当他人未能履行对我们的承诺，或没有达到我们的合理期望时，就会出现这种两难困境。你的志愿者协会中的某个成员虽然很友善，但他没有尽到自己的职责，让其他人感到不满；同事不注意个人卫生，让你抓狂；朋友帮你照看房子，你度假回来发现植物枯死，猫咪挨饿。当遇到这种情形时，我们往往通过沉默不语和假装一切正常来撒谎。

另一种是，别人期待我们做出回应，但这种回应并不能反映我们的真实感受或看法，这时也会产生这种两难困境。例如，你过生日时，姐姐送了一盒你并不喜欢也用不上的彩色手帕，并期待你说：

“多么棒的礼物！”；网球俱乐部的某个成员请求成为你的双打搭档，尽管你喜欢她，但她的球技和你不匹配；邻居把他的房子漆成了一种很扎眼但他很喜欢的颜色，然后问你对这个颜色的看法；侄女在她的独唱会上表现不佳，却屏息以待你的夸赞；同事自豪地向你展示他六个月大的孩子的照片，而你觉得这个孩子长得实在不好看。在这种我们几乎每天都会遇到的情形中，我们通过不表现出任何情绪，并且说出别人正好渴望听到的话来撒谎。

处理真话的三种方式

在这种两难困境中，人们通常在三种处理真话的方式中做出选择。我们就以那盘又硬又凉、淡而无味的土豆泥为例，看一看具体的处理过程。

选项1：回避讲真话

遇到这种情形，我会尝试转移话题，或者以不置可否的话语来摆脱两难境地。

她：顺便问一下，你觉得这道土豆泥怎么样？

我：这顿饭很不错，谢谢。这道芦笋味道很棒！

她：哦……太好了！不过（懵然不知）我的意思是，这道土豆泥怎么样？

我：呃，嗯，这道土豆泥嘛……土豆泥……的味道很有趣。很特别！相当独特！对，就是这样。我想我以前从没吃过这样的土豆泥。

她：（依旧懵然不知）我不是故意让你为难，我只是想知道你喜不喜欢这道土豆泥。

当然，她的懵然不知确实让我颇为尴尬。我努力回避讲真话，而她试图阻止我。从某种意义上说，她是对的，虽然回避讲真话可能会让我们短暂（甚至永久）地避免麻烦，但从根本上讲，这种做法终究是行不通的，因为：（1）真话被排除在我们的关系之外；（2）我们丧失了完整性；（3）两难困境本身并没有得到解决。

选项2：直言不讳

在以下对话中，我会准确地描述我对这道土豆泥的看法。

她：顺便问一下，你觉得这道土豆泥怎么样？

我：嗯，说实话，这道土豆泥又硬又凉，淡而无味，即便加了融化的切达奶酪也没用。我觉得这道土豆泥很难吃，可能是我吃过的最难吃的土豆泥了。

在任何特定的两难困境中，作为心怀善意的人，如果我们认为自己能够侥幸过关，或许会尝试回避讲真话。但我们绝不会选择以这种方式讲出真话。我们从小所受的教育告诉我们这种直言不讳会伤害他人，所以我们竭力避免这样做。刻薄的人或许会这样说话，但对于我们而言，就连冒出这样说话的念头都是不可接受的。这与我们想要成为的样子或希望别人对我们的看法背道而驰。

当然，我们都清楚，在某些重要场合，最关心他人的做法就是直言不讳，因为唯有这样的打击才能真正起作用。有时候，谎言会带来极其严重的后果，迫使我们必须坦诚相告。但在土豆泥这件事上，考虑到我们交情尚浅，而且并没有涉及重大利害关系，这一标准并不适用。因此，作为一个善良的人，我立刻转向我认为唯一可行的选择。

选项3：把残酷的真话抛到一边

在这种情况下，我会像我当时所做的那样，说出一个善意的谎言，即使那是一个赤裸裸的谎言。

她：顺便问一下，你觉得这道土豆泥怎么样？

我：嗯，这道土豆泥非常可口，它让整顿饭增色不少，我很喜欢。

我会尽可能平静地撒谎。我很感激她为我做的晚餐，我不想让她难堪或伤害她的感情，我希望在当时在场的每个人眼中，包括我自己的眼中，我都是一个友善的人，所以我撒了谎。没错，我撒谎是为我自己着想，但我为自己辩解，世上有很多比撒个善意的小谎更糟糕的事。再说，我是个好人，我不知道除了这样，我还能怎么办。

回避讲真话和直言不讳都是错误

在这些两难困境中，无论我们选择以上哪种处理真话的方式，我们最终都会失败。但因为我们必须做出选择，所以我们会为了表现得友善而撒谎。我们可能嘴上讲着“诚实为上策”这一老生常谈的道理，但在关键时刻，当我们面对让我们失望或不愿听我们说真话的人时，往往会把这句话抛到脑后，撒些小谎。

我们如此频繁且持续地撒谎，以至于我们通常意识不到这对我们自身以及我们的人际关系造成了怎样的影响。当然，我们明白真诚的关系需要我们不断努力提高对彼此讲真话的能力。我们也明白，当我们对他人撒谎时，我们就无法对他们全然在场，他们也无法真切地感知我们。当我们停下来思考自己一直以来的撒谎行为时，有时甚至会对自己感到厌恶，因此我们通常尽量不去想这个问题。

在20世纪60年代的美国，年轻人表示不要相信30岁以上的人。其中一个原因是，30岁以上的人通常不会在对你感到失望、受你伤害或因你而沮丧时告诉你。相反，他们会面带僵硬的微笑，与你建立肤浅且无满足感的关系。正是在那10年间，许多年轻人选择了直言不讳。他们总是直截了当地把真话猛地砸在你的脸上。他们毫不掩饰自己，并且在当时以此为荣。然而，现在回顾过去并反思直言不讳对他们人际关系的影响，他们中很多人认识到，这种做法往往是多么自私、丑陋且适得其反。

当然，如今仍有一些人总是坚持说出他们认为的真话。他们表示，这是一项必须遵守的道德义务，对他们的幸福感至关重要。他们还表示："在我这里，你所见即所得。"而且，他们为自己的直率感到自豪。然而，他们似乎没有意识到，他们的看法可能无意识中带有偏见或错误，抑或有时候考虑他人的感受可能比把自己以为的"真话"硬塞给别人更重要。

善良的人可能会羡慕那些直言不讳的人在处理这些两难困境时所表现出的轻松从容。然而，我们也认为，当心怀善意的人做得不够好（比如，当他们准备了又硬又凉、淡而无味的土豆泥）的时候，他们应该得到谅解，并得到温柔的对待。那些粗暴地对待他们的人可能自视甚高，但他们自以为是的态度、他们僵化的思维，以及他们建立健康关系的能力却令人不敢恭维。我们认为，他们犯了严重的社交错误，不仅伤害了他人，也伤害了自己。

但我们也知道我们说谎是个错误，无论我们的初衷有多好。我们知道讲真话对于获得信任至关重要，而且在亲密关系和正常的人际交往中，我们都需要做到坦诚相待。一想到谎言遭人戳穿，即使我们试图将其辩解为圆融处世，也会让我们感到不自在，这表明我们都清楚这一点。当然，我们起初撒谎，并非因为这样做令我们感到称心如意，也并非因为这样做是正确或美好的。我们之所以这样做，是因为相比引发冲突或伤害他人感情所带来的痛苦，撒谎所带来的痛苦要少一些，还因为我们只是不知道除此以外自己还能怎么办。遗憾的是，我们很少想到或许有更好的解决办法。

第四种选择：既说出真话又保持友善

关于如何处理难以讲出口的真话，传统上有三种选择。但这些处理方式都无法解决诚实与友善之间的冲突，因此我们需要第四种方式：

以谦逊体贴的态度讲出真话。

在我们深入探讨这一方式之前，你需要先下定决心，不再习惯性地撒谎。在这里，同其他错误一样，如果你不做出这个决定，那么继续探讨就没有什么意义。做出你的承诺，并写下来：

> 假设确实存在一种令人满意的方法来解决诚实与友善之间的冲突，那么我将不再习惯性地撒小谎。

你可以告诉你的好朋友："我打算继续保持友善，但从现在开始，我也将努力保持诚实。"这样做同样对你有帮助。

让我们假设你已经做出这一承诺，并且通过把它写下来和告诉他人等方式来坚定自己的决心。我们也假设你明白，在解决这些两难困境时，讲求策略比即兴应对更重要，并且愿意保持适当的克制。你现在已经准备好采取第四种方式所要求的四个步骤。

第一步：承认问题出在自己身上

将这些两难困境中的主要问题归结为你不知道该如何解决它们。要承认问题出在自己身上，你掌握着解决问题的关键。到目前为止，你无疑认为问题出在那些让你感到左右为难的人身上。回想一下你的做法：还记得你侄女那次走调的独唱吗？问题出在她唱得不好且无法客观看待自己，还是出在你不能祝贺她？当时你是如何看待这个问题的？现在你是否能认识到问题出在自己身上？

当女主人端上那盘味道糟糕的土豆泥，问我是否喜欢时，主要问题在于她的厨艺不佳？她渴望得到肯定？她懵然不知？还是在于我无法坦诚相告？当时我并不明白，但后来我意识到问题出在我自己身上，而如何解决这个问题也取决于我。

在这些两难困境中，我们往往纠结于他人如何让我们失望，他们如何不可理喻，他们的懵然不知如何使我们陷入尴尬境地。我们知道他们不想听到那些让他们感到不快的真话，他们想要的是认可和肯定。因此，我们很自然地通过归咎于对方来为自己的不诚实找借口：**他们制造了这种两难困境，我们对他们撒谎是应该的。**的确，责怪他们并撒个小谎，这可能是我们目前所知道的最佳做法。但是，无论是撒谎还是责怪，都无法真正解决这些两难困境，也无法让我们的关系变得真诚。

这就是第四种方式至关重要的第一步：当别人让你陷入两难困境时，你首先要关注的核心问题是自己不知道该如何讲出真话。浪费时间去责怪他们徒劳无益。为了达成一个彰显诚实的解决方案，你必须首先看到问题出在自己身上。

第二步：解决你身上问题的根源——恐惧

我们表示自己想要对那些制造这些两难困境的人保持诚实，但我们害怕伤害他们的感情。我认为，就像我们害怕表达愤怒一样，这个问题背后还有更深层次的原因，即我们害怕讲出真话不仅会伤害他们，也会伤害我们自己。我们可能害怕讲出真话所引发的冲突——大多数友善的人都有这种担忧。我们也许担心别人会觉得我们无礼或不知感恩——没有哪个友善的人愿意让他人有这种想法。或者我们害怕他们会把我们说的话告诉其他人，很快我们的朋友就都会觉得我们不够友善。在更深的层面上，我们可能害怕他们会因为我们讲出真话而拒绝与我们来往。要想改掉长期以来撒小谎的习惯，我们不能忽视任何导致我们害怕讲出真话的因素。

因此，每当面临这样的两难困境时，你都要问自己："如果我讲出真话，我会害怕发生什么？"如果你能立刻识别出这种恐惧，并且后果相对较小，那就直接告诉对方你的这种恐惧。如果这种恐惧很深且复杂，就继续努力识别，直到找出其根源。和其他所有人一样，你可能从未想过直面自己的恐惧。如果你现在愿意这样做，以这种方式将它们公开，你会惊讶地发现，这样做可以解除或驱散你的种种恐惧，或者至少可以让你克服它们。

在你向他人指出他们哪里做得不够好，或者他人对你提出不合理的期望之前，你可以先确定自己恐惧的具体原因，并明确地告诉他们：

> “我害怕对你说出真话。我害怕伤害你的感情，让你对我感到不满。”
>
> 或者，
>
> “我害怕如果我把自己真实的想法告诉你，你会告诉我们的朋友。也许我不该为此而担心，但我确实很担心。”
>
> 或者，
>
> “我想把你让我感到困扰的事情告诉你，但我害怕你会解雇我（给我一拳、终止我们的友谊等）。”

正如我们讨论过的其他情感负担重的情况一样，你有必要立即讲出你的恐惧。这会让你们的关系变得更加真诚。这也会改变他人倾听和回应你的方式，使他们不会觉得你傲慢、好评判他人或充满敌意。如果你居高临下地指出他人的失败、指责他们，或是拒绝他们善意的付出，他们就会怨恨你，并与你断绝来往。但如果你以脆弱的姿态接近他们，坦陈你的恐惧，他们很可能会倾听你的顾虑，而不是在他们自己周围筑起一道自我保护的屏障。

以这种方式讲出你的恐惧，并不是为了操纵他人，也不是虚伪，你并不是假装自己存在问题来博取他们的同情。实际上，你确实存在问题：你害怕讲出真话会导致双方受伤，尤其是你自己。到目前为止，你一直在无意识地否认自己的问题，选择以简单的方式解决问题，即责怪他人、保持沉默和撒谎。如果你现在能够坦诚地表达自己的恐惧，你就能够突破以往那种自我挫败的行为模式。

关键在于：把你的恐惧告诉别人，你会惊讶地发现，对他们讲出他们是如何让你陷入两难困境的其实很容易。

第三步：先考虑多重相关因素再回应

除了以前的交往经历，你们每个人还将自己的个性、气质和人生经历带入每一场特定的社交互动中。因此，在试图讲出残酷的真话之前，先问一问自己以下问题：

1. 你和对方之间发生过什么？

这是对方第一次让你难以讲出真话，还是你从中看到了某种规律？如果之前发生过类似情形，并且你坦诚相告，对方有何反应？

2. 当时还有谁在场？

你是否可以单独与对方谈，以免让其他人知道你在做什么？只有在极少数情况下，你可以当着其他人的面讲出可能令对方感到难堪的真话。

3. 发生的事情对其他人有何影响？

如果你是唯一受对方行为影响的人，或许你可以从容地讲出来。然而，如果你是对方的上级或与对方同为某组织的成员，你可能需要尽早解决这个问题，而非延后。

4. 对方此刻的情绪强度如何？

对方是否有健康稳定的自我意识？对方这一天过得怎么样？虽然你不希望过于照顾他人的感受，但通过评估他们的承受能力，你可以表现出你的尊重，从而提高沟通效果。如果时机不合适，你可以等待一个更好的时机。

5. 你们关系中的权力平衡是怎样的？

交往中的权威性会影响你的回应方式。讲出真话依赖于平等的尊重。当你拥有支配力时，你有耐心并体贴地关注他人需求的自由，从而让他们愿意倾听你的声音。当对方处于主导地位时，如果你以脆弱的姿态接近他们，你就可以更快、更坦率地讲出真话，同时不用太顾虑他们的感受。

6. 你们的关系能够承受多少真话?

你能提供的真话数量与你们关系的深度成正比。你可以对某些人比对其他人更坦率地表达自己的真实想法。我与那位女士几乎不熟，当她端上那盘味道不佳的土豆泥时，诚实就退居次要地位，甚至完全退出。相反，如果是芭芭拉为我做了那顿饭，我可能刚尝第一口就会说："谁把土豆弄得这么难吃?"我可以立即对她坦诚相告。为什么?这不仅仅因为她有强烈的自我价值感，还因为40多年来，我一直在告诉她我是多么欣赏她和她的厨艺。

你的大脑可能很快就梳理出这些因素，然后让你从容地继续行动。然而，这也可能让你陷入困惑。例如，你可能并不确定对方想与你建立多深的关系，能接受你讲出多少真话，或者你要花多久才能解决这个两难困境。如果是这样，你需要意识到这种不确定性给你带来的紧张感。如果这种不确定性妨碍了你，你就讲出来。你可以说："我对我们之间的关系感到紧张。"或者，"我不确定我们之间的关系有多牢固。"然后你可以等待对方的回应。你甚至可以直接问："我们之间的关系怎么样?"（如果你一脸苦笑地问对方这个问题，这表明你认为你们之间的关系不仅即将面临考验，而且确信这种关系足以承受即将面对的真话。）

第四步：先表达尊重，再指出不足

无论你们的关系是公务性的、普通的，还是亲密的，你们都是在进行一种精神层面的微妙而神秘的互动。如果你想让这种互动有益于你们之间的关系，就必须尊重这种神秘感，即使别人忽视了这一点。再说一遍，如果你因为知道你被无条件的爱所接纳而尊重自己，那么你也更容易尊重别人，并以同样的方式接纳他们。此外，如果因为他们表现不佳，或者因为他们想要的是你不能或不该给他们的东西，而让你对他们感到失望，那么这种失望越深，则表达你对他们的尊重和对你们关系的珍视就越重要。

你可以通过肢体语言、眼神交流、语速、语气变化，以及你的措辞来表达尊重。如果你想说出令人不快的真话，但同时又想保持良好的关系，就必须谨慎地选择措辞。例如，你了解到有一名新员工，你原本希望与其建立良好的工作关系，但她没有能力或经验去处理她所负责的事务。你已经耐心地给出了正确的操作方法，但她似乎没有掌握。你喜欢她的工作劲头，但她的错误现在让你付出过多的时间、忧虑和金钱。在这种情况下，因为涉及很大的利害关系，所以你可以像下面这样说：

> “**我非常珍视**我们的工作关系和友谊。对我来说，对你的工作表现做出批评并不轻松，因为我不想伤害你的感情，也不想让你生我的气。但是，为了公平起见，我们需要谈一谈这个问题。”

或者，

> “**我非常看重并且尊重你**，我希望我们能建立始终对彼此开诚布公的工作关系，尽管有时这可能很困难。你已经很努力了，我很欣赏你这一点。但你还没有意识到需要做出改变，我们需要谈一谈你的工作正在造成的问题。”

如果她立刻表示理解，或者她说：“我希望你能对我坦诚相告。”那么你就可以把困扰你的事情告诉她。你可以说：

> “这对我来说并不容易，但我必须和你谈一谈我们的约定。你能力和经验不足的情况越发明显，我恐怕不得不找其他人来做这项工作了。”

如果你一开始说的话让她感到困惑，并且她显得紧张不安，那么你可能需要暂时退一步。记住，这是一个过程。有时候，如履薄冰地小心从事才是最明智之举。在其他时候，你可能需要快速讲出引发两难困境的关键真话。在任何情况下，无论你是慢条斯理还是直截了当地切入重点，如果你想要建立令人满意的关系，从一开始就表现出你对他人的尊重这一点很重要。

一套讲出真话的新方法

从现在开始，如果你在撒谎和诚实之间左右为难，你可以采取以下步骤：

1. 承认主要问题出在你身上：你害怕对别人坦诚指出他们的不足或他们对你不切实际的期望。

2. 先讲出那个妨碍你讲出真话的特定恐惧。

3. 权衡如下因素，以确定何时、何地，以及如何开始讲出对方做了什么让你陷入两难困境。

(1) 你和对方之间过去发生过什么。

(2) 还有谁在场。

(3) 正在发生的事情对其他人有何影响。

(4) 对方的情绪强度。

(5) 你们关系中的权力平衡。

(6) 你们的关系能够承受多少真话。

4. 向对方表达尊重。描述你所期望的彼此之间的健康关系，并且和对方一起讨论。如果你得到积极的回应，那就体贴地开始讲出真话。

说明这一过程的对话示例

让我们回到本章最初的例子：工作中的那位新伙伴，我们就叫他吉姆，他的体味让你难以忍受，看一看你该如何处理这种两难困境。你忍耐了几天，终于决定请他在下班后留下来几分钟。

你：　吉姆，下班后，有时间吗？

吉姆：当然。有事吗？

你：　我想和你谈一件……很敏感的事。找你谈这件事对我来说并不轻松。坦白地说，我害怕伤害你的感情，也担心你会怎么看我。（表达妨碍你的恐惧）

吉姆：怎么了？我的报告做得不对吗？”

你：　不，不，你工作干得不错，我因此很尊重你。（表达对他的尊重）

吉姆：谢谢，我也喜欢和你一起工作。到底怎么了？

如果吉姆没有这样回应，而是以俏皮话回应或表现出敌意，你可能要这样说："对不起，打扰你了。再说一遍，找你谈这件事对我来说并不轻松。"然后暂时后退一步。现在假设他表现得通情达理，而且似乎真的有兴趣听是什么事令你感到困扰。

你：　好吧，我想说，整个下午都坐在你旁边对我来说恐怕有点儿困难。你出汗很厉害，一到下午，你的体味就变得很强烈。我知道这是我的问题，但我不知道该怎么办。（承认问题出在自己身上，展现一些脆弱性。）

吉姆：哎哟，真的很抱歉。我每天早上都会洗澡。可下午气温一上来，我总是汗流浃背。

你：　你觉得换一种止汗喷雾会有帮助吗？

吉姆：我以前用过止汗喷雾，但没什么效果。

你： 你现在没有使用止汗喷雾。（一个事实陈述，而非表示难以置信的疑问。）

吉姆：我觉得止汗喷雾对我不管用。

你： 这一定让你很困扰吧！（共情）

吉姆：嗯……事实上，已经很久没人向我抱怨了。也许我可以试一试新产品。

你： 我希望你能这样做（明确表达你的诉求）。市面上一直有止汗喷雾的新产品。

吉姆：我会在回家路上找找看。

你： 那太好了。把话说出来让我感觉好多了。我知道听到这些话肯定让你觉得不舒服。我很感激你这么通情达理。真的谢谢你。（更多的尊重和肯定）

吉姆：我也很感谢你和我讲出这个问题。

你： 没什么。（如释重负、满意、开心）

这场对话的结局很圆满。然而，并非所有冲突都能像这样圆满得到解决。事实上，任何坦诚相告的尝试都有可能搞砸，你不可能解决每一种两难困境。但通过思考和实践，你会相对轻松地应对这些困境，而结局圆满的数量会让你感到惊讶。

关于规避两难困境的思考

大多数两难困境都是不可预见的，所以这些困境才会让我们措手不及，迫使我们在那一刻以我们所知道的最佳方式来应对，而这种方式往往就是撒谎。但从现在开始，按照第四种选择中所列出的步骤，你可以不让这些两难困境控制自己，而是创造性地做出回应，并且更经常性地坦诚相告。而且，你可以做一些事情，来规避两难困境的发生，或者在两难困境刚发生时，及时阻止其发展。

当你培养以诚实为本的关系时，你就能防止一些两难困境的发生。作为友善的人，我们天真且不必要地对人际关系中的诚实不抱有期待。由于我们往往不努力去做到诚实，因而导致诚实的缺失。结果，我们让自己经常经历这些两难困境。相比之下，有意识地致力于建立坦诚的关系，可以避免许多两难困境的发生。

当你开始与他人交往，无论是和对方成为朋友还是成为同事时，你都可以主动和对方谈一谈你所渴望的人际关系中的真诚坦率。要开启这个话题，在午餐时或者任何有时间讨论的时候，你都可以这样说："友善和诚实经常发生冲突，为什么会这样呢？我一直在思考这个问题。某些情形迫使我们要么表现得友善，要么表现得诚实，但无法同时兼而有之。我们害怕自己不够友善，而这种恐惧又让我们对彼此不够诚实。"你可能需要稍作解释，并举例说明。大多数人会很快认同这些看法，并愿意进一步探讨。他们无疑会有自己关于这种两难困境的经历要讲。

然后你可以这样说：

- “我想让你知道，我正在努力做到对他人更加坦诚，同时尽量避免不体谅他人和伤害他人。”
- “我希望我们能够彼此坦诚相待，但这需要我们双方用心、承诺和体谅。”
- “我希望你能履行我们关系中的承诺，这样我就不必因为诚实或不诚实而伤害到你。”
- “如果我让你失望了，或者我曾对你有不切实际的期望，我希望你告诉我。”

像这样态度坚定的表述对于建立健康的关系大有帮助。由于这种关系建立在自由和责任的基础上，允许交换真实的感受，因而可以减少总是突然出现此类两难困境的可能性。

有时，即使在你刚遇到他人时，如果情况看起来可能会产生两难的困境，你也可以立即为这种情况及你们的关系设定一些基本规则。在20世纪80年代初，我们的女儿在洛杉矶工作时，结识了一位来自纽约的获奖编剧，此人受雇于环球影业，负责修改剧本。由于我当时刚刚写了一部电影剧本，作为我博士论文的一部分，并希望把它卖给好莱坞，因而她为我寄来了那位编剧的原创剧本供我参考。几个月后，当她和那位编剧来旧金山看我时，我心怀忐忑地问他，是否愿意花时间点评一下我写的东西。

他意识到自己面临的就是我们所探讨的这种两难困境，于是他掌控了局面。他表示他会在满足两个条件的情况下进行点评。

第一个条件是，我要求他对我坦诚相告。他说："新手写的剧本不可避免会有诸多不足，如果要对此加以掩饰，对他和我来说都是浪费时间。"我知道他是对的，尽管带着些许恐惧，我还是坚定地说："坦诚相告正是我想要的。"

第二个条件是，我要保证记住是他曾告诉《周末夜狂欢》（*Saturday Night Fever*）的制片人，这部电影中的配乐绝对火不起来（后来该片的原声碟成为全球最畅销的电影原声碟之一）。然后，我们都笑了。

作为一个普通人和专业人士，他不想因撒谎而损害自己的完整性。但他也不希望他给出的任何坦诚的负面评价伤害我的感情，或者让我打消卖剧本和继续写作的念头。于是他立刻表明，无论我们之间会是什么关系，都要坦诚相待——他想知道我是否能够接受他的诚实。然后，他以自嘲式的幽默鼓励我，不仅要相信自己的直觉，对自己的手稿负责，还要对他坦诚相待。我们一见面，他就设定了一些规则，以帮助我们规避之前讨论过的那些两难困境。

最后的思考

即使你已经掌握了本章所讲的内容，你仍然无法始终规避这类两难困境，或者做到完全坦诚。在这些社交互动中，你无法掌控所有因素。有时，根据时间、地点以及关系的性质，你可能会觉得表现得友善并撒个小谎是你的最佳选择，就像我面对那位女主人时那样。当你的同事拿着他那长相平平无奇的孩子的照片让你给出评价时，或许你该说："他真是可爱极了！"现实主义者注意到了这一点，并接受某种程度的不一致，可以说这是基于他们对自身不可避免的不完美的一种接受。如果你能够接受这些现实，你就不会变得愤世嫉俗，也不会对自己的努力感到不满。

当然，每当你认为撒谎是最佳选择时，一旦你的谎言被戳穿，最好的应对措施就是立即道歉："我没有讲真话，我怕伤害你的感情，也担心让自己受到伤害。我这样做对我们双方都不好。对不起，希望你能原谅我。"

此外，你还应该记住，尽管你做不到在任何情况下都保持诚实，但你的这种决心本身就证明你是个有创造力、有价值的人。当你不断努力在任何时候都尽可能坦诚相告，无论付出何种代价，即使遭遇失败，都比不假思索地撒个小谎更有意义。

而且，你将仍然是一个善良的人。

你 的 善 良 必 须 要 有 锋 芒

原则 7

不要给别人提建议

一对老夫妇新买的二手车引擎出了问题，他们不知道该怎么办。你告诉他们去找你认识的那名修理工，他们采纳了你的建议。结果，那名修理工不仅向他们收取了过高的零件费，还修理了一些原本没坏的东西。要不是因为他们是你的父母，他们可能从此再也不和你说话了。

我刚刚开始做咨询师的时候，一名女士要我给她一个小时的时间，并表示在这一个小时里，她只希望我倾听，而不需要做其他任何事情。我心想这将是浪费时间。我年轻时效仿的对象都是各种专业人士，他们指导别人，提供解决问题的方案，享受这种职业身份及其带来的满足感。他们是教授、律师、医生和牧师，他们说起话来仿佛无所不知。现在，受过专业训练的我可以为那些愿意采纳我建议的人提供人生指导。因此，我才会觉得这将是浪费时间。

尽管有着这样的想法，我还是接受了这个预约，并在那一个小时里保持沉默，听那位女士回顾其坎坷的情路历程。她常常因遇人不淑，而在感情上受到严重的伤害。她的交往对象中没有一个尊重她。不知不觉，一个小时过去了，她对我表示了由衷的感谢，然后就离开了。我不明白她为何如此感激我。除了倾听，我几乎什么都没做。几周后，我碰巧遇到了她的几个朋友。令我惊讶的是，她们告诉我，她正在与一个尊重她的人交往，并且她告诉她们，我给了她很大的帮助。这让我很高兴，但实际上，我更想给她提供一些好的建议。

问题不在于我们提建议时需要注意什么，而在于提建议本身，无论对方是否寻求建议，无论我们是否出于好意，也无论这些建议是明智的还是糟糕的。

作为善良的人，我们的本性就是乐于助人。只要别人询问，只要我们不喜欢别人的所作所为，或者我们认为他们遇到了麻烦，我们随时准备提建议。出于好意，我们这样做是为了纠正他们，让他们做我们希望他们做的事，以及帮助他们解决问题，例如：

"你应该去那家戒烟门诊。"
"押注那支球队。"
"你一定要去看汤姆·汉克斯的新电影。"
"记得带伞。"
"相信我，让你家孩子上私立学校。"
"你的车需要修理？去找我认识的那名修理工吧！"

我们甚至可能陷入尴尬的自相矛盾中，比如：**“无论如何，绝对不要给别人提建议！”**

我不会**建议**你那样做。但我要说的是，建议永远不会有任何帮助。无论我们认为自己的建议是多么出于好意或明智，提建议永远都是一个错误。我之所以这么说是因为我知道，现如今提建议就像花钱一样普遍，几乎每个人都会从各种渠道寻求建议，甚至常常为此付出大量金钱。人们期待好人提供建议，而好人也总是这么做。我只是坚持认为，这些现实情况并不能说明建议对我们有益。

如果提建议是个错误，那么你需要以另一种方式来帮助那些处于困惑、迷茫、失控或仅仅是懒惰的人。但为了改掉这个习惯，你需要先弄明白为什么提建议是个错误。

为什么提建议是个错误

当你给出糟糕的建议时，你可能助人不成，反遭埋怨。如果你建议父母到你常去的修理铺修车，而修理工做事马虎或是欺诈他们，那么父母不仅会对修理工生气，还会对你感到不满。提建议有可能违背你最好的意图，而且还会反过来困扰你。因此，这不是一种明智之举。但除此之外，还有其他重要原因，也让提建议成为错误的做法。

提建议是对他人的贬低

无论我们的建议多么真诚、恰当或合理，我们无形中都贬低了对方。当告诉他人该做什么时，我们的言下之意是他们没有足够的智慧、勇气或能力去解决他们所遇到的问题或调整自己的生活，而我们有。提建议非但没有表现出对他人的尊重，也没有增强他们的自我价值感和自信，反而会打击他们，伤害他们及我们的人际关系。

提建议无法给予他人真正需要的帮助

我们可能确切知道他人需要做什么才能解决他们所面临的问题，但他们需要我们让他们自己决定该怎么做。这是因为他们需要培养照顾自己的能力。再说一遍，即使是好的建议对他们也没什么帮助，因为在你给出建议并促使他们采纳时，实际上就剥夺了他们锻炼自身决策能力的机会，也剥夺了他们通过自己做出正确选择所获得的满足感。

提建议时，我们无法做到完全诚实

我们希望给人留下的唯一印象是我们提建议是为了帮助别人。但当我们揭开自己动机的层层面纱往往会发现，我们有着更微妙、更复杂且不太崇高的利益动机：我们这样做可能是为了让朋友钦佩我们；或者希望他们对我们有所亏欠，从而依赖我们，甚至觉得自己不如我们；抑或我们可能只是乐于多管闲事。当然，我们所有人都有着复杂且隐秘的动机，没有人是纯粹或完美的。但是，当我们提建议时，一边暗示这样做完全是为了对方好，一边又暗中为了自己的自私目的，那么我们就陷入了表里不一。这会破坏我们为建立真诚的关系而付出的巨大努力。

提建议是一种控制形式

从本质上讲，建议带有道德强制性：我们告诉别人**应该**带伞，**应当**使用我们的修理工，他们**应**以某种方式养育孩子。即使我们不使用“应该”和“应当”之类的词，我们也让他们感受到了人情上的压力，即如果他们接受我们的建议，他们就欠了我们一份人情。此外，我们会让他们觉得，如果不按照我们的建议行事，他们会让我们失望或冒犯到我们，或者是在做错事。如果他们忽视我们的建议，而问题又持续存在，那么他们便害怕我们可能会说：“我早就告诉过你”或“不要怪我”。

试图控制他人这一点让提建议成为一种错误。管理和掌控别人的生活并不是我们的角色、责任或特权。控制会扼杀他们的主动性和创造力，并削弱他们的自我价值。因此，我们不应去主导他人，也不应与他们就其行为发生争执。

有时，我们对直接提建议这种行为的控制本质感到不安，于是无意识地尝试用间接的询问来掩饰：“你为什么不买更多的保险？”“你为什么不让你母亲住进养老院？”“你为什么不……（做任何我们认为他们应该做的事）？”我们以为这种询问比带有强迫性的“你应该这样做”或“你应当那样做”听起来更温和。但事实上，关于他们为何不做我们认为他们应该做的事情，以及为何不做我们希望他们做的事情（我们只是希望他们去做），我们一点也不关心。因此，这是一种虚假的询问，仅仅是另一种形式的强迫。或许我们已经养成了这种随意且无心的习惯，即习惯于常常用反问来让别人帮助我们（“你为什么不把盐递给我？”）。但当我们以这样的反问去关注别人的需求时（“你为什么不买更多的保险？”），我们就不再是无辜的，而是正试图通过伪装成建议的方式来控制他们。

我们很容易为建议的合理性而辩护，因为人们需要建议，包括那些尊重我们的人和那些我们想要给他们留下好印象的人。但他们之所以寻求建议，可能是因为他们——

- 不想为自己的问题承担责任——他们可能很懒。
- 认为自己无法解决自己的问题——他们可能是错的。
- 在寻找一个替罪羊，以防自己做出不明智的决定。

因此，当别人奉承我们，向我们寻求建议时，我们假设这是我们的义务，或者对他们有利，或者对我们有利，从而给出建议。然而，基于以上探讨的原因，**我们必须做出完全相反的假设**。

规则之外的两种情形

我前面说过，提建议永远不会有帮助。永远不会？好吧，几乎永远不会。但存在两种特殊情况，那时提建议可能是恰当的。第一种情况是在工作场所，当你的下属不知道该怎么做，且临近截止日期时。这时，你直接告诉他们“你该这样做”或“你该那样做”可能是合适的。即便如此，为了鼓励他们成长，深化与他们的工作关系，你最好采取能让他们尽可能自己找到答案或方向的方式，与其进行沟通，而不是由你直接指出。告诉下属该做什么和以激发他们最佳状态的方式同他们相处，二者之间存在重要区别。很明显，当管理者不总是对员工指手画脚时，员工就会保持更好的士气、更融洽的关系以及更高的工作效率。

第二种情况是遇到紧急状况。例如，当你看到一辆卡车朝人群冲来时，你可以毫不犹豫地大声喊出你的建议：“小心车！快躲开！”必要时，你还可以把他们推到人行道上。但这些都是极为特殊的情况，你不能拿它们来证明你在日常社交互动中提建议的合理性。

当你关心的人陷入困境，感到困惑或迷茫时，他们最基本的需求是你的关爱，而非你的建议。他们需要确定你永远不会贬低他们，或者将他们视为操纵对象——他们需要感受到你平等的对待。当你不再提建议时，你就满足了这些需求。你也消除了提建议所固有的风险、虚伪、不尊重以及控制。但随后，你必须代之以一种尊重、有效和令人满意的方式，平等地对待他们，并且真诚地帮助他们。

替代提建议的做法

现在，如果你已经接受你已受到接纳，你可能发现不再通过提建议来控制周围的人是相当容易做到的事。如果你尚未做出这样的决定，你会倾向于抓住每一个机会给别人提建议。无论你是否已达到认同这种观念的程度，你都可以对自己说："既然我知道告诉别人该做什么是个错误，我将不再那样做。"正如之前推荐的做法，如果你想坚定自己的决心，可以将其写下来，贴在一个经常能看到的地方，并告知你的亲友们你在做什么。

让我们假设你不希望继续提建议，但仍想在自己关爱的人遇到困难时帮助他们，你可以采取以下五个步骤：

第一步：从他们的问题中抽离

帮助他人的关键在于，你愿意并且能够放弃试图解决困扰他们的问题。这并不是让你背弃朋友或拒绝倾听他们，也不是要求你在他们最需要你的时候，与他们保持情感上的距离，对他们部分在场或彻底不在场。这只是要求你不要为他们的生活负责。

抽离意味着确认满足他人需求的主要责任在他们自身，而非你。

这意味着你将自己和他人视为独立且平等的个体，并意识到只有当你不把他们的问题揽到自己身上时，你才能真正帮到他们。你的抽离清楚地告诉他们，你既尊重他们，也尊重他们自己做出决定并承担后果的需求。这表明你足够关心他们，因而不做任何阻止他们感受自己行为全部影响的事情。

如果你过去常常通过提建议来试图解决别人的问题，那么抽离会让你开始进入人们所说的“放手”过程。这让你能够找准自己的定位，成为一个不再提供建议但仍关心他人的角色。为了实现抽离，你可以立即停下来，与自己对话，必要时复述以下话语：

> 这不是我要解决的问题，我不会将其揽到自己身上。
>
> 或者，
>
> 她需要自己处理这个问题，因而我不会插手。
>
> 或者，
>
> 我不会剥夺他自行解决问题所带来的益处。
>
> 或者，
>
> 如果我提建议，那就是不尊重他们。

记住诸如此类的话语，并在遇到可能让你忍不住想要提建议的情况时，随时准备对自己重复这些话，这或许会有帮助。

同样，你或许可以告知家人和朋友你决心抽离，尤其是当出现你过去会给出建议的那种情况时。你可以说：

- “我很想为你解决这个问题，但我现在意识到这对我们双方都是不公平的。”
- “我已经认识到，我过去给你提的建议实际上并没有帮到你。因为我爱你，所以我不会再那样做了。”
- “我非常尊重你，因而我不会告诉你应该做什么。”

而且，你可以补上一句：“我很想知道你会如何处理这个问题。”

如果你是一位年长者，即他人眼中睿智的人，抑或是你所在领域的权威人士，大家可能会经常向你寻求建议，你可能会发现自己几乎无法抗拒提建议的诱惑。当遇到这种情况时，我发现这样说很有帮助：“你不知道我多么想告诉你应该怎么做。我多么希望帮你把一切都搞定，让你觉得我很棒。但我不会那么做。对你来说，重要的是要靠自己解决这个问题，并做出明智的决定。”

大多数人都能理解。

抽离的背后是你充满尊重的假设，即你所关心的人需要自立，即便他们并不情愿。因此，当你抽离时，不仅克服了提建议的冲动，还让对方发挥出最好的一面，从而增强了他们的自尊与自信。当然，你也让自己轻松了许多，因为你不必担心自己的建议会适得其反，也消除了他们可能存在的错误期待，即你会为他们解决问题。最终，通过把他们当作真实的人来对待，你就可以和他们保持健康的关系。

然而，放下对别人的控制或许并不容易，因为你通常必须先这样做，然后才能对放手感到舒服。一种流行但具有误导性的观念是：感受是自然产生的，行动理应顺应感受，因此你不应该做任何感觉不自然或不舒服的事情。根据这种观点，在你对放手感到舒服之前，你不应该这样做。由于抽离似乎与你作为善良的人所接受的教育相悖，而且你无意识地习惯于试图控制别人，因而放手不会让你立刻感到自己是正确的，也不会让你立刻感到舒服。

不过，还有另一种看待放手的方式。这种方式要求你放手，无论这是否让你感到舒服，同时让你的感受顺应你的行动。换言之，**抽离并体验放手的感觉**。放弃对别人生活的控制，看一看这会为你们对彼此的感受带来多大的变化。因为你终究无法控制他们的生活或解决他们的问题，所以这种方式是没有风险的。伤害别人及你们之间关系的风险不在于抽离和放手，而在于通过提建议继续控制他们。

至此，你可能已经明白抽离对于更好地帮助别人是至关重要的，但你可能会觉得难以将其付诸实践，特别是如果你一辈子都在告诉别人该做什么。我记得我第一次放弃控制并且不再提建议时，有多么困难。但我同样记得，当我第一次对自己说："这不是我要解决的问题，我不会将其揽到自己身上"时，这对我多么有帮助，又让我感到多么轻松自在。这也帮助我认识到，我还可以采取其他建设性的步骤。

第二步：表达共情

注意，我说的是共情，而非同情。当他人遇到问题时，作为一个善良的人，你会忍不住对他们表达同情，居高临下，心里想着（甚至说出）："你好可怜。"然而，居高临下的怜悯并不能真正帮到他们。他们需要你与他们感同身受，理解他们的困境和感受。他们需要你在他们感到无力、迷茫和挫败之时，与他们站在一起。他们需要知道你关心他们。因此，你可以发挥想象力去体会如果身处他们的境地，你会有怎样的感受，并向他们表达出来：

- "我想不出还有什么比找不到出路更令人沮丧的了。"
- "如果是我第一次遇到这种事，我也不知道该怎么办。"
- "你感到困惑是可以理解的。"
- "现如今做父母确实不容易。"

关键在于要明白，我们如何让别人看待他们自己会影响到他们对我们的感受，并在很大程度上决定了他们与我们关系的质量。无论是孩子、伴侣、同事还是朋友，如果我们忽视他们，他们会觉得自己无关紧要，与我们共处的兴趣就会减弱。如果我们试图控制他们，他们就会感到窒息，并对我们心生怨恨。但如果我们专心倾听他们，肯定他们的努力，在他们受伤时表达共情，我们就会让他们感受到自己是被珍视的、重要的，甚至是特别的。如果我们对待他们的方式让他们觉得自己很特别，他们就能更好地处理自己的生活，并愿意维持与我们的关系。

抽离与共情是两种可贵的能力，有助于你在真诚地提供帮助的路上有个良好的开端。然而，很多时候，仅做到这两点往往还不够，你能做的还有很多。

第三步：鼓励他们更广泛地思考可能的解决方案

有时候，遇到问题的人陷入困境往往是因为他们只关注眼前的问题，而没有充分思考他们可以做出的种种选择。如果他们感到困惑和沮丧，你可以随口问一句："你考虑过其他选择吗？"如果他们做出肯定回答，并一一列举，但遗漏了一个可能有用的方案，你可以接着问："那么×××（那个对方遗漏的方案）怎么样？那样可行吗？"

如果他们觉得可行，你就已经帮到他们了。如果他们觉得不可行或不确定，至少你已经使他们认识到可能存在其他解决方案。如果他们仍然对如何行动感到迷茫，你可以鼓励他们集中思考那些最有可能奏效的解决方案。接着，你可以问："你觉得哪个解决方案最好？"注意，你是在抽离的状态下问的，你已经放手了。你没有解决他们的问题、替他们做决定或控制他们，而是作为支持者，陪伴他们一起走出困境。

如果他们明确了自己的解决方案，并且似乎已经准备好做出明智的选择，那么你就已经帮了他们很大的忙。然而，如果他们无法评估哪个选择更好，或者不知道如何执行那个对他们而言最理想的方案，那么你就需要采取下一个步骤。

第四步：提供所需信息

当不需要对解决方案加以筛选时，你可以在抽离并表达共情之后，尽快采取这一步骤。这一步涉及提供姓名、地址、电话号码、费用、时间、程序、说明、观点、新发现或新见解、你自己或他人的证明，以及其他相关信息。有时候，这样做只是为了告诉对方你的相关经历和你认为你知道的事情。

乍一听，提供建议和提供信息似乎是一回事，但实际上，二者之间有着天壤之别：提供建议带有强迫和贬低的意味，而提供信息则体现了尊重，并帮助对方了解到更多情况。

注意二者之间的差异：

强迫性建议：你应该买一辆美国车。

释放信息：我们对美国车的使用体验一直很好。

操纵性建议：为什么不去那家戒烟门诊试试呢？

有用的信息：一个朋友说那家戒烟门诊对他很有帮助。

控制性建议：车出问题了？去找我认识的那个修理工。

支持性信息：我认识一个令我很满意的修理工。

自相矛盾的建议：永远不要给别人提建议。

一致的信息：提建议从来都没有用。

提建议会带来亏欠的负担。当你提供信息时，对方不仅感受不到负担，还会立即觉得正好需要。如果你能看到这种区别，并将其牢记于心，你就会更容易做到不再提建议。要做到这一点，你可以设身处地为对方着想，仿佛自己就是这些例子中的接收方一样。

当你向别人提供信息时，你并没有贬低他们，没有对他们强加任何人情债，也不会因为误导他们而招致埋怨。相反，你不仅提升了他们的尊严和自信，也提升了你们之间的关系，因为你帮助他们打开思路，让他们能够自己解决问题。

到目前为止，我们已经探讨了你可以采取的四个有效步骤：(1)抽离；(2)共情；(3)提高对各种解决方案的认识；(4)提供信息。当你采取这些步骤时，你或许能帮助他人解决问题，或许不能。他们面临的困境可能极为复杂，导致他们无法下定决心，无法以健康的方式摆脱困境。他们可能会因太多模棱两可的情况和复杂的感受而停滞不前。如果是这样，你还可以做一件事。

第五步：温和地敦促他们

一旦他们有时间确定可行的解决方案，你可以问："那么，现在你打算选择哪个方案呢？"如果他们表示不知道，你可以鼓励他们做出决定，问他们："你觉得你会在什么时候做出选择？"

通过体贴、温和的敦促，你既不会强迫他们采取行动，也不会强迫他们选择你所偏好的方案。你只是暗示不做出选择也是一种选择，并且在某个时候，他们必须采取行动或者承担拖延所带来的后果。这种提示方式尊重了他们的自由意志。你的目的不是控制他们，而是激励他们跨过难关，自行解决问题。

如果选择带有强烈的情感因素，那么即便有你的敦促，他们可能还是无法采取行动。他们可能会担心，如果做出错误决定，你会怎么想。如果你察觉到这一点，就告诉他们："无论你做出什么决定，我都能够接受。"当然，如果他们的某些解决方案看起来愚蠢或有害，你应该诚实地告诉他们："我认为如果你选择那个方案，将面临很大的风险。"你的意见对他们可能是有益的信息。

你所希望的是他们会选择理性的、尊重他人的，以及相对安全的行动方案。为了激发他们思考，你可以问："哪些方案不合理……不值得你重视……会带来太大的风险？"通过这种方式，你就可以鼓励他们从不同角度审视所有可能的解决方案，并从中选出最佳方案。

五个支持性步骤总结

通过以上讨论，我们可以看到这五个步骤为你提供了一种令人满意且行之有效的助人方法：

1. 以尊重的方式践行**抽离**，放手让他们自己去解决问题。
2. 对他们的问题和感受表达**共情**。
3. 以提问促使他们拓宽思路并筛选出**可能奏效的解决方案**。
4. 提供**有用的信息**，包括证明。
5. **温和地敦促**他们做出决定。

假设这套流程不起作用

如果对方仍然不知道何时或是否要解决他们的问题，你还可以再做一件事。你可以对他们无法做出决定以及由此产生的挫败感表达共情：

“我想，面对这种困境，找不到出路一定很糟糕。”

或者，

“不知道该怎么办，也不知道何时能做出决定，这一定让你很难受。”

或者，

“我确信带着这个问题和犹豫不决生活一定很难。”

这些表达共情的话语或许能使他们获得解脱，从而摆脱不知所措的状态。他们可能会意识到，虽然你愿意与他们站在一起，但并不会为他们解决问题。有你的支持，他们可能会尝试采用最佳方案。如果他们并没有这样做，你只能顺其自然。尽管你已经尽全力把他们当作成年人来对待，并予以支持，但他们可能还是无法解决自己的问题。最终，**他们可能没有任何理想的解决方案可用。**

面对这种似乎无解的情况，你能得到什么安慰吗？是的，你能。对于那些陷入困境的人，你并没有表现出居高临下的态度，也没有欺骗或试图控制他们。你没有让他们对你心生怨恨，而让事情变得更糟。这些都是有价值的。此外，尽管他们没有解决自己的问题，但你们之间的关系变得更加自由且充实。

支持性步骤的两个示例

人们所面临的问题从最简单的到最复杂和影响深远的不等。小问题，也就是我们每天都会遇到的那些简单的问题，往往需要一个快速给出的建议。例如，当身在影院区的朋友们不知道该去哪里用餐，而你对那里的餐厅了如指掌时，你所能做的就是控制自己，不要通过直接告诉他们应该去哪家餐厅用餐来解决他们的问题。

这个看似无害的建议是否值得我们注意呢？答案是肯定的。就其本身而言，朋友们去哪里用餐相对来讲并不重要。但是，此时不给出建议对你来说很重要，因为你正在努力改掉提建议的习惯。正如那些试图减肥的人不能把吃一颗松露巧克力看作无关紧要一样，你也不能认为有些问题小到可以随便给出建议。当你将任何人的问题（无论多么微小）都视为值得给出建议的目标时，你就会削弱自己改变行为模式的决心。即使是一个小问题，也值得你认真对待，因为你需要尽可能多地践行这套支持性步骤。当你发现自己被一些看似不重要的事情所诱惑时，比如帮朋友找用餐的地方、找电影看或找水管工，你可以利用这些机会来磨炼自己处理更复杂、更棘手事情的能力。

当你的朋友们不知道该去哪里用餐时，你可以使用以下支持性话语：

朋友们：去电影院之前，我们想在市中心用餐，但不想随便找个地方将就。

你：我能理解你们的想法。你们熟悉那里不错的餐厅吗？（抽离、共情以及拓宽选项）

朋友们：不怎么熟悉。我们知道布朗餐厅，不过价格太贵。我们去过一次格林餐厅，但总是要等位。我们想找个更高档一点儿的餐厅。

你：怀特餐厅怎么样？（拓宽选项）

朋友们：那家餐厅周日不营业。

你：　　真可惜，那家餐厅似乎刚好符合你们的要求。（共情）你们知道位于第一街和A街拐角处的布莱克餐厅吗？那家是新开的，而且离电影院不远。（拓宽选项并提供信息）

朋友们：那家餐厅怎么样？

你：　　意大利风味，价格不便宜，但也不是特别贵。那里的氛围稍显正式，但又不会让人觉得拘束。（提供信息）

朋友们：食物味道如何？

你：　　我觉得不错。番茄酱里加了新鲜的罗勒，意面是自制的，有点儿像城那边的瑞德餐厅，但没那么贵。（提供信息）

朋友们：听起来不错，谢谢。也许我们会去试试看。

你没有介入他们的决定，没有通过告诉他们去那里用餐来控制他们，也没有试图为他们做决定，因此也不会有遭埋怨的风险。你保持了距离，对他们表达了共情，通过询问让他们拓宽选择范围，并提供了有用的信息。你帮了忙，不仅无损于友谊，还加深了友谊。

同样的支持性步骤也适用于更为复杂的情况，比如你的侄女纠结于该去读哪所大学。与其告诉她你认为她应该申请哪所大学，不如同她进行如下对话：

侄女：我不知道明年该去读哪所大学。您觉得我应该申请哪所大学？

你：我不知道，而且我不确定我能帮你做出决定。（抽离）这是一个重要且艰难的决定。（共情）

侄女：我知道，但我似乎无法做出决定。

你：很多人都会在选择大学时遇到困难。（共情）

侄女：本来情况没那么糟，只是我的父母几乎坚持让我去读北部大学，而我讨厌那里。

你：你的压力很大，你现在一定很难。（共情）

侄女：确实如此，更糟糕的是，我还不知道自己毕业后想做什么，我指的是如何谋生。

你：这种情况很常见，但我确信这会让你更难做出决定。（共情）你考虑过其他学校吗？（拓宽选项）

侄女：我想去读东部大学，离开家乡。或者去读中部大学，因为我有几个朋友要去那里。这两所大学在工程学领域都很强，这也是我所擅长的领域，但是我的父母对此不以为然。

你：所以你需要在东部大学和中部大学之间做出选择？（继续拓宽选项）

侄女：我想是这样。我们家负担不起我读南部大学，而且我爸爸听说了一些关于西部大学不好的传闻。

你：你的指导老师没有提到其他可能的选择吗？（拓宽选项）

侄女：也不是。她给了我很多宣传册，但我没怎么看。

你： 你对东南部大学有了解吗？（拓宽选项并提供信息）

侄女：我听说过，但对其一无所知。您为什么这么问？

你： 据说东南部大学有一个非常好的工程学院，离家也不近，并且这是一所州立大学，学费不会高得离谱。（提供信息）

侄女：我会去了解一下。只是现在我还提不起精神去做这件事。

你： 你觉得什么时候会有精力去了解呢？（温和地敦促）

侄女：我不知道，但是截止日期在下个月。

你： 在疲惫的状态下做决定一定很难。（共情）

侄女：确实是这样。

你： 那些宣传册可能很重要。东南部大学似乎有一些不错的课程设置，而南部大学提供的奖学金可能会让你感到惊讶。（提供信息并拓宽选项）

侄女：我会去了解一下。谢谢您对我讲这些话。

你： 我很想知道你最后的决定。（关心但仍保持抽离）

此处你并没有介入、控制或施压。你并没有告诉你的侄女该去哪里上学或者该做什么。你对她所经历的困境感同身受，提出了可能的选项，提供了有用的信息，并鼓励她做出决定。你表达了对她的关心和支持。

从以上两个示例可以看出，采取这种支持性步骤比提建议要花费更多的时间。帮助他人自助的确需要投入更多的时间和精力。然而，回报在于一种全新的自我意识、看到自己努力的结果，以及培养令人满意的关系。

两点补充

1. 关于给孩子提建议

许多善良的人认为，成年人，特别是父母，通过给孩子提建议来控制他们并无不妥。有些家长认为这是天经地义的，甚至是他们生活的全部意义所在。但请与我一起换个视角来审视这个问题。

当然，孩子需要保护和引导。在任何时候，就像成年人一样，孩子可能会把自己置于迫在眉睫的危险之中。例如，他们可能会冲进车流或玩火。面对这种情况，我们需要迅速行动，不必为给出建议或控制他们而道歉。但是，这种紧急情况只占我们与孩子互动的一小部分，我们既不需也不应该让这种应对方式成为我们日常与孩子相处的常态。

当然，从一开始，我们就专注于为他们设定各种行为限制，从而最大限度地减少危险，并努力让他们免于受到伤害。过马路时，我们会牵着他们的手。我们把火柴和药品放在架子的最高处。但是，最有效的限制方式并非提建议，而是做到以下两点：(1)提供适当的信息，并做出解释（“火柴能点燃火，火会烧伤你。”）；（2）把我们的感受和我们希望他们做的事告诉他们（“我担心你的安全，如果你发现火柴，请告诉我。”）。随着孩子理解能力的提高，这些解释性的做法比消极的建议（“不要玩火！”）更能有效地保护他们。同时，这些做法也有助于孩子的个人发展，因为提供信息并告诉他们我们的想法是尊重他们而非控制他们。

在日常生活中，当孩子没有处于险境，但遇到他们无法解决的问题或迷失方向时，我们可以采取与对待成年人相同的五个支持性步骤：（1）从他们的问题中抽离；（2）表达共情；（3）鼓励他们更广泛地思考可能的解决方案；（4）提供所需信息；（5）温和地敦促他们。关键在于我们要尊重孩子，这样他们才能培养自己做出负责任决定的能力。

我们在给孩子提建议时所犯的错误与给成年人提建议时所犯的错误如出一辙，而且原因也是一样的。当然，给孩子提建议可能是更加严重的错误，因为他们尚未形成独立的自我意识，所以更容易因建议而受到贬低或误导。因此正如他们需要知道你永远不会抛弃他们一样，他们也需要你不要用建议来束缚他们。

2. 关于不接受建议

有时候你会遇到位置刚好相反的情形：你成了那个有问题需要关

注的人。你可能发现自己希望他人为你解决问题。但你现在知道，寻求或接受他们的建议就是将自己置于他们的控制之下，并有可能破坏你与他们的关系。你也意识到，尽管他人常常能为你的生活做出贡献，但他们的主要目的并非解决你的问题。出于对自己和他人的尊重，你需要对自己负责。你现在明白了，接受建议和给出建议是同一枚硬币的两面。但当你在解决问题的过程中感到迷茫时，你该怎么做呢?

你可以一开始就告诉朋友，你不期望他们替你做决定或解决你的问题。你可以请他们站在你的角度思考，帮助你梳理各种选项，提供有用信息，并且无论你做出什么决定都支持你。我们都需要那些愿意这样做的朋友。

你还可以求助于各类专业人士，例如治疗师、教师、医护人员、神职人员、财务规划师、律师，以及其他各类咨询顾问。当我们向他们寻求帮助时，他们中的一些人可以足够智慧地表现出共情、提供信息，并帮助我们学会自助。你可以请那些你寻求帮助的人提供这种类型的帮助，来支持你的努力，而非直接给你提建议。如此一来，你就能与他们保持健康的关系，同时更有可能获得你所需要的帮助。

你已经如此习惯于给别人提建议，以至于即使看了本章内容，你可能仍会继续那样做。当你犯了这个错误时，你可以原谅自己。提醒自己你做不到完美，并寻找下一个启动支持性步骤的机会。如果你践行了这五个步骤，你就会逐渐有能力避免教别人做事。同时，你会发现这些新的行为方式比提建议更令你满意。

而且，你将仍然是一个善良的人。

你 的 善 良 必 须 要 有 锋 芒

原则 8

放下拯救他人的执念

15年前，朋友的侄子，一个聪明又讨人喜欢的孩子，从高中辍学了。自那以后，他不是在打零工，就是处于失业状态，而且因为酗酒问题多次惹上麻烦。朋友的姐姐一直让他住在家里，还要经常帮他还债或从监狱里把他保释出来。但最终，她忍无可忍，将他逐出家门，并发誓再也不会替他收拾烂摊子。由于不忍心看他流落街头，朋友劝说自己的上司雇用他。

很多年前的一个下午，我听一名伤心的年轻女士讲述她试图拯救嗜酒如命的丈夫，却徒劳无功的经历。她说自己这个放纵的丈夫正在摧毁他们两人的生活。随着她历数自己与丈夫抗争的一系列行为，她的每一句话都让我想起自己曾试图拯救一个朋友，却以失败告终的徒劳努力。她说她曾威胁丈夫要把情况告诉他的父母，但又告诉我她绝不不会那样做。我也曾对我的朋友说过类似的话，同样不会真的那样做。尽管她讨厌那样做，但每当丈夫因酗酒而无法上班时，她都会打电话到他的公司，谎称他病了。她甚至没有向自己最亲密的朋友透露过她丈夫的酗酒行为。我也曾配合朋友掩盖他的特殊秘密。

我确信在那一个小时里我沉浸在自己的问题中，并未很好地向我的来访者提供咨询服务。不过，我对我们共同的徒劳努力做了反思，这对于我是一种突破：这是一个转折点，我开始认识到，在试图帮助那些有自毁倾向的人时，仅有良好的意图是远远不够的。

当今社会存在一种令人痛心的现实，即大量讨人喜欢的人执意有条不紊地毁掉自己的生活。我们都认识一些这样的亲友，他们浪费教育机会，挥霍自己的钱财和时间，一再丢掉好工作，甚至损害自己的健康。和所有人一样，无论你我多么善良或聪明，有时都会或多或少以某种方式自毁。然而，对于我所说的这类人，他们在任何时间里都顽固地专注于自毁。为了继续伤害自己，他们几乎总是操纵那些关心他们的人，而且他们在这方面很在行。我们这些善良的人试图拯救的正是他们这种人。

有些人由于无知或愚蠢，而做出一些对自己不利的行为。同龄人的压力是其中一个原因，其他原因包括遭受过虐待、经历了情感伤害或患有精神疾病等。即使其中一些原因与他们的行为有关，绝大多数自毁的人都是在“成瘾”的魔咒下才这样做的。

成瘾原因及影响

当人们为了减轻某种形式的痛苦时，往往会：(1)采用走捷径的替代行为；(2)滥用化学物质，这就会导致成瘾。在这些替代行为中，有些可能并不光彩，有些可能本身完全正当。但是，当我们用那些原本正当的行为来逃避面对其他需要去做的事情（维护或修复人际关系、按时完成重要任务、调整生活等）所带来的不适时，这些行为就会变得具有破坏性。当我们为了逃避挣扎或痛苦而沉溺于任何一种行为时，无论该行为多么正常，它都不可避免地会变得过度，并不断重复。我们每个人都在某种程度上对某些行为成瘾，它对我们自身以及我们的人际关系所造成的损害可能相对较小，或者可以忽略不计。对于许多成瘾行为，在我们权衡利弊之后，即使我们明知道它们对我们有害，我们也可能会心甘情愿地继续那样做，甚至能够过着相当正常的生活。

重复性的逃避行为一旦变得越来越失控就会演变成严重的成瘾。具有讽刺意味的是，这些行为最终带来的痛苦，远比成瘾者最初想要逃避的痛苦严重得多。例如，当购物狂渴望以疯狂购物来摆脱颓丧时，他们就会买一些自己并不需要的东西，花掉自己并没有的钱。或许他们在购物的过程中很“嗨”，但他们会陷入更深的债务危机，这会让他们比最初去疯狂购物时更加颓丧。

成瘾还会通过迫使人们掩盖自己的真实情况来伤害自己。有人将成瘾描述为一种人们觉得必须向自己和对他们重要的人撒谎的行为。这种自我欺骗反过来又会扭曲成瘾者区分事实与幻想、梦想与现实的能力。最终，他们很难看清任何事物，尤其是他们自己真实的样子。

因此，不可避免地，他们无法有效地发挥作用，无法负责任地行事，也无法维持深度亲密关系。

成瘾还诱使人们放弃对自己负责所需要的自由。成瘾与自由恰恰相反。成瘾者认为他们的成瘾行为可以让他们获得解脱，因为在早期阶段，这种行为确实减轻了他们眼前的痛苦。然而，实际上，这只会让他们进一步陷入束缚。到了某个阶段，即使当他们意识到自己的行为正在给自己带来更大的痛苦，并试图停止这种行为时，他们相信自己做不到。他们错误地相信放弃成瘾行为会给自己带来无法承受的更大伤害。日复一日，他们感到更加困惑、无力，也越来越难以应对自己的自毁习惯。

成瘾在我们身上所引发的反应

我们关心的人所做出的自毁性成瘾行为带给我们的困扰：

- 某个朋友酗酒成性且讨厌自己的工作，我们为此彻夜难眠。
- 某个姐妹的饮食紊乱令我们感到厌恶和恐惧。
- 某个同事无节制地消费，导致他负债累累，陷入绝望，我们对他很失望。
- 儿子沉迷于电子游戏，荒废学业，即将辍学，我们为他感到忧虑。
- 某个朋友一直忍受着羞辱和虐待的关系，并逐渐陷入抑郁，我们为此感到心痛。

- 邻居患有严重的肺病，却仍不停地吸烟，令我们感到绝望。

因为我们真诚地关心那些遭受成瘾困扰的人，也因为我们受到教导要善待他人，所以我们热诚地试图帮助他们。然而，尽管我们怀着良好的意图，并且付出了最真诚的努力，他们的行为却往往变得越发受成瘾控制，生活也变得越发没有希望。之所以出现这种情况，部分原因是我们作为善良的人所采取的方法是错误的。

我们所犯的错误

我们对那些自毁的人所犯的错误是试图**拯救**他们。这种拯救让我们经历三个可预见的阶段。在第一个阶段，我们会无意识地否认他们身上存在任何问题。一想到他们承认自己是成瘾者的羞耻感，以及我们需要分担他们的痛苦，就让我们难以忍受，因此我们就会不切实际地认为：一切都会好起来的。从最初感到震惊和失望那一刻起，我们就将自己的视线移开。如果我们不可避免地看到他们的问题，我们就会拒绝承认他们的问题已经很严重了。如果我们被迫将之视为一种紧迫的情况，我们就会在自己内心以及同他人争辩时表示，大家都这么做。或者我们认为没有任何解决办法。

在这个阶段，对于成瘾者一系列令人不安的行为，我们会给予他们一定的理解或宽容。我们接受他们告诉我们的任何事情，即使我们内心深处知道那并不是事实。而且，在整个过程中，我们从未向他们提及他们的自毁行为，也从未提及我们对此视而不见。

有人说，人的内心能够无限自我欺骗。我们能够蒙蔽自己的双眼，这样我们就不可能看到自己不想面对的东西。那些对所爱之人的自毁行为视而不见的人证明了这一点。具有讽刺意味的是，我们不仅否认他们身上存在严重的问题，还为达到这个目的而欺骗自己。想想看：为了让他们摆脱问题，我们竟然拒绝承认他们身上存在问题。

在某些情况中，我们可能会鼓起勇气，向我们关心的成瘾者表达我们的担忧，但他们拒绝倾听或因此而发火。于是我们觉得尝试帮助他们是徒劳的，也许还觉得他们的行为与我们无关。我们也可能因为意识到自己缺乏相关知识或自身的缺点而退缩。换言之，我们出于对冲突的恐惧而倾向于否认，而对失败的恐惧又强化了这种倾向。

当我们无法再继续否认时，我们就进入了第二个阶段。在这个阶段，我们开始控制、操纵，甚至威胁成瘾者，把内疚和恐惧作为我们最喜欢的武器（“你真丢脸！”“你想过你母亲的感受吗？”“你的朋友早晚会知道的！”“相信我，再这样下去，你会丢掉工作！”）。这与之前探讨过的提建议时所说的控制别无二致，但其表现形式往往更严厉、更极端。

随着他们的成瘾行为变得越来越具有威胁性，我们就会更加努力让他们改正。他们抵触，我们就再加大力度。然后，他们变得更加抗拒。很快我们就会感到沮丧和愤怒，而整个互动过程让我们近乎抓狂。当我们认定他们无可救药，并且我们无法再忍受这种痛苦时，那么作为最后的、绝望的控制手段，我们会以断绝关系相要挟。

当控制不再奏效时，我们就进入了第三个阶段：我们成为他们的包庇者。我们与他们一起掩盖他们行为的后果，以免让任何受其影响的人知道。如果酗酒影响他们的工作，我们会帮他们瞒着上司。如果他们赌博成性或欠下无力偿还的债务，我们会私下给他们钱。如果他们触犯法律，我们会悄悄地将他们保释出来。在每一种情况下，我们都帮他们保守秘密。换言之，我们试图拯救他们，却并没有从他们的成瘾行为的成因或对他们身体、法律或财务上的影响出发，而是从其造成的社会后果出发。我们试图通过这些方式来拯救他们，但这样做反而误导了他们，让他们无法专注于为自己做该做的事。

尽管有人认为拯救成瘾的亲友是善良的人应该做的，并且这种拯救行为会得到很多肯定，但这种拯救的努力其实是个错误。

为什么拯救成瘾者是个错误

拯救行不通

无论我们多么努力去拯救成瘾者，我们都无法改变他们或解决他们的成瘾问题。

拯救让他们的自毁行为持续存在

有些权威人士将这种拯救视为“助长”，因为这样做无意中让成瘾者得以继续他们的行为。具有讽刺意味的是，出于好意，我们试图让他们停止自我伤害，结果却适得其反，情况变得更加糟糕。因此，如果他们最终能够回归正轨，那并不是因为我们为拯救他们所做的努力，而是尽管我们这么做，但他们依然做到了。

拯救加深了他们对我们的依赖

我们的拯救行为剥夺了他们原本可以在我们的关爱和支持下，独立解决问题时所获得的成长和满足感。如果我们剥夺了他们的自主权，就会削弱他们的自尊心、自信心，以及实现自我价值的能力。简而言之，拯救会导致过度依赖。

拯救涉及欺骗

就像提建议时一样，我们必须表现得好像自己完全是为对方的利益着想。然而，我们也有自己的私心：我们不想被视为冷漠无情的人；我们不愿家门蒙羞；我们想要掌控一切，包括我们所关心的人。即使我们敏锐地意识到自己的潜在动机，我们也从不提及。

拯救对我们自身有害

拯救让成瘾者的自毁行为将我们卷入它的漩涡，不仅消耗了他们，也消耗了我们。我们的拯救行为非但没有改变他们，反而改变了我们和我们自己的行为，而且是变得更糟。

拯救是一种形式更微妙的成瘾

你可以这样想：我们拯救是为了避免看到我们所爱之人毁掉自己而带给我们的痛苦；我们强迫自己不断重复这种努力；我们想要控制局面；我们渴望通过拯救他们而获得感激和满足感；我们做这一切的时候，没有任何证据表明我们是在提供帮助，而且我们往往没有意识到自己是在让事情变得更糟。的确，我们那些成瘾的亲友深陷自毁的、习惯性的行为中而无法自拔，但可悲的一点是：我们这些试图拯救他们的人也是如此。

关键在于要记住，并不是所有让人感受到关爱和真诚的事情都是有益的。比如，一个虐待妻子的丈夫可能由衷觉得自己爱她，而且她可能表示，“我知道他爱我。”但是，觉得爱她与真正爱她是两回事。此外，觉得没有她就活不下去并不等同于爱她。爱，在本质上是给予自由而绝非施加虐待，不同于对占有和控制带有成瘾性和虐待性的需求。我们这些对拯救成瘾者上瘾的人必须认识到，虽然我们可能真心实意地关心他们，但拯救并不是爱，而是一种错误。如果我们不想继续伤害我们所爱的成瘾者和我们自己，就必须戒掉“拯救瘾”，并停止拯救他们。

如何停止拯救他人

停止拯救的第一步是决定不再这么做。为了坚定决心，你不妨将其写下来：从现在起，我不会再试图将他人从自毁行为中拯救出来。然后注明日期，把它贴在你每天都能看到的地方。如果你什么都不做，只是停止拯救他人，你就不会让他们的问题变得更糟，也不会把自己搞得心烦意乱。

当然，即便他们失去控制走向自我毁灭，你在内心还会继续关心他们。重要的是要明白，停止拯救并不意味着抛弃他们，并且在他们回归正轨的过程中，你仍然要发挥重要的作用。**只有当你决定不再充当拯救者时，你才能真正帮到他们。**

我们要做的不仅仅是不再充当拯救者，还要让自己成为**不拯救者**。作为拯救者，你试图改变他人的行为；而作为不拯救者，你改变自己与他们相关的行为，并把改变他们自身留给他们自己去做。你之所以这样做是因为你现在知道，除非他们自己愿意，否则他们的生活不会有所转变。你也明白这样的时刻可能永远不会到来。他们可能永远不想改变。

不拯救能给你和你所关爱的成瘾者带来明显的好处。拯救他们时，你表现得就好像你拥有他们，并且认为他们是你需要解决的问题一样。这种占有欲不仅表现出对他们缺乏尊重，还消耗了你自己。不拯救则可以终止这一切，不仅让你不再妨碍他们，也让他们不再纠缠你。就像你放弃提建议一样，你会抽离、退一步、保持客观冷静，以及**让他们自救**。当你不再介入别人的事情时，你就不会让自己抓狂，同时也塑造了一个健康的、非占有式的相处模式，通过这种方式，你可以帮助他们学会自助。

从改变他人到改变自我，这一思维转变或许足以让你改掉拯救他人的习惯。但也许还不够，你可能发现自己还会回到否认、掩盖或控制的老路，这是你心中一种根深蒂固的行事方式。为了避免故态复萌，并继续以健康的、不拯救的方式与他人相处，你可以采取以下步骤来获得所需的内在力量。

第一步：培养清晰的自我认知

我们之所以试图拯救那些对我们重要的人，是因为我们的自我认同与他们的自我认同相互重叠、相互交织。从某种意义上说，我们救他们就是为了救我们自己。因此，当我们未能成功地拯救他们时，我们就会觉得自己和他们一样是失败者。换言之，对方的破坏性成瘾同样控制着我们。

你可以通过将自己视为一个独立且有价值的存在来规避这种控制。那些生活在你内心并对你产生强烈影响的人，以及你的基因和生活经历，都让你成为独一无二的人。世界上没有任何人和你拥有同样的生活经历、成长历程、个性、气质以及意识。你并非与他人完全分离，但在与他人的关系中你是一个独立的个体，拥有自己的性格、身份和价值。因此，为了你自己，你不应让别人消耗你。你对他人负有责任，但不对他们的行为负责——你只对自己负责。尽管你会关心那些正在自毁的亲近之人，但你不是为了**照顾**他们而活。

你要做的是明确你与他人的边界。你必须清楚地知道自己是谁，能为他人做什么以及不能做什么，还要清楚自己与他人之间的边界在哪里。然后你需要将这些信息传达给其他人。要想做到这一点，**首先，你必须接纳那些你判断为合理、健康且一致的感受，以及你知道或怀疑并非如此的感受**。

如果你在一个充满善意的家庭中长大，承认自己的感受可能并不容易。你可能学会了不信任、否认和排斥这些感受。你可能受制于自己小时候所接受的关于你应该或不应该有什么感受的教育，即使在今天，每当你产生一种负面感受时，你也会试图摆脱它。实际上，你可能会将自己的强烈感受——无论是正面的还是负面的——深深地埋藏在内心深处，以至于感受不到任何东西，只意识到麻木。

例如，你可能因意外的好运而欣喜若狂，为自己完成某件事而高兴，或被某人突然激起性欲，却无法承认这些愉悦感。抑或，你可能生朋友的气，因为家人的某些行为而伤心，惧怕某个同事，并对这些负面感受感到恐惧。但这种欣喜、愉悦、兴奋，以及愤怒、伤心和恐惧，连同你对这些感受本身的恐惧，都是你自身的一部分。要想成为一个真实自我，你就必须接纳它们。因此，你首先要做的是挖掘自己的感受，深入内心，将它们带到意识层面。要想做到这一点，你可能需要停下来，保持非常平静的状态，倾听内心深处的声音。写下这些感受，并有意识地将每一种感受都视为自己的一个重要组成部分。

其次，要想成为一个独立的个体，你必须决定相信自己的想法。检验这些想法是否可靠有一个好方法，那就是将这些想法告诉你尊敬的人。然而，由于你被教导要从他人有条件的接纳中寻求安全感，因而你可能为了避免别人质疑，甚至否定或嘲笑你的想法，而选择将自己的想法藏在心里。这种恐惧会让你犹豫，不敢独立思考，不敢表达自己的观点，最后甚至可能都不知道自己的想法是什么。当你不了解或不相信自己的想法时，你很难把自己视为一个有价值的人。这反过来让你很难与你关心的人，以及那些你渴望得到他们认可的人分隔开，即使这些人正在摧毁他们自己的生活和你的生活。

我指的并不是你偶尔对自己的想法感到不确定，这是所有人都会经历的。我指的是你总是不信任自己能够产生好的想法或清晰思考。为了尊重自己，你必须通过在合理的范围内相信自己的判断来尊重自己的想法。

建立自信的一种方法是：停下来，深入思考自己的创造性想法及合理的观点，并将它们写下来。通常，明智的做法是不要立即评判哪些是你认为最好或最糟糕的想法。我们不可能从最广阔的视角看到它们的优点，也不可能完全客观地看待我们的想法。最好记住，每个人有时都会有愚蠢或毫无价值的想法。但是，借助于深入思考和记录想法的习惯，你可以产生清晰的想法，从而增强自信和自尊。

随着你逐渐学会从内心而非他人那里获得自我确认的能力，你就无须让朋友来定义你是谁，把他们的失败当作自己的失败，或者为他们的生活负责。

第二步：告诉那些你曾试图拯救的人你现在要怎么做

无论你是否认为你所关爱的成瘾者会将你的不拯救理解为厌弃或施压，告诉他们正在发生什么都会有帮助。（如果你不确定他们会如何理解，可以先与可信赖的朋友或咨询师进行角色扮演练习。）如果你现在明白你过去试图拯救他们的原因，你可以对他们讲出来，并解释你将如何以不同的方式与他们相处：

> “过去，我试图把你从你的成瘾行为（酗酒、挥霍无度、沉迷工作等）中救出来。我这样做，一方面出于关心你，一方面出于希望你能喜欢我。我是真诚的，但当时我并未意识到我的努力会带来怎样的影响。现在我仍然希望你不要再这样下去（无论哪种行为），但我不会再尝试去拯救你了。”
>
> 或者，
>
> “我曾经否认、掩盖和试图控制你的行为。我现在认识到

那是多么错误，我不会再那样做了。我希望你不要再这样下去（无论哪种行为），但从今往后，你必须自己解决这个问题了。”

如果你担心他们仍然无法理解，你也可以直接表达这种担忧：

“虽然我担心你会认为我不在乎你，但我不会再尝试阻止你伤害自己。我以前的做法给你帮了倒忙，对此我很抱歉，希望你能原谅我。但从现在起，你必须自己照顾自己了。因为我爱你，所以我希望你能够做到这一点。”

当你像这样坦诚地表明自己与他们新的相处方式时，你就可以帮助他们理解你的立场，从而减轻他们对你的情感束缚，并强化你自己的认识和决心。

第三步：为你的决心寻求支持

任何时候，你都可能对自己的感受和想法的正确性产生怀疑，并忍不住又要为那些自毁的人负责。因此，与一群志同道合的人建立联系很重要，他们会原谅你的失误，给你诚实的反馈，并鼓励你坚持采取不拯救的方式。

你或许可以在附近找到一个已成立的互助小组。酗酒治疗中心和匿名戒酒团体可以告诉你在哪里获得帮助。如果有必要的话，可以从朋友开始，创建自己的互助小组。这可能并不容易，可能需要比你预想中更多的勇气。但是寻求别人的支持是成为不拯救者的重要组成部分。而且，你在互助小组中获得的个人肯定或许可以填补你内心的空虚，并减轻最初驱使你去拯救他人的痛苦。

作为不拯救者来提供帮助

你已经决定不再拯救他人，并改变自己。为了坚定这一决心，你需要：

- 通过接受自己的感受和想法来增强自我意识。
- 把你的决心告诉那些你曾试图拯救的人。
- 找到能支持你采取新的相处方式的人。

作为一个不拯救者和非专业人士，你现在准备好了帮助那些自毁的人自救。以下是你可以学着去做的四件事。

1. 尽早指出他们的自毁行为

当你看到他人做出自毁的行为时，就向他们描述这种行为。你无须做出评判，指出他们在做什么以及他们是如何伤害自己的即可。越早、越直接、描述得越具体，你所取得的效果就会越好。

- “由于酗酒，你已经耽误了好几天的工作。”

- “上个月的账单还没付清，你却又买了一件负担不起且并不需要的东西。你现在花的比赚的多，而且已经负债累累。”
- “你的饮食习惯正在威胁你的健康。”
- “你在滥用药物，这会让你惹上法律方面的麻烦。”
- “吸烟损害了你的嗓音（肤色、健康状况……）。”

然后告诉他们，你希望他们做什么，而不是他们应该做什么。请记住，建议和道德说教并不是体贴的做法，也没有帮助，或者说也是不公平的做法：

- “我希望你寻求专业人士的帮助来解决酗酒问题。”
- “我希望你在还来得及之前制订一个可行的开支计划。”
- “我希望你能去看医生，咨询一下你的饮食问题。”
- “我希望你能戒掉药物滥用，回归正常生活。”
- “我希望你去戒烟门诊咨询一下。”

这与否认、掩盖和控制恰恰相反。你只描述你看到他们在做什么，以及这些行为是如何对他们造成伤害的。你没有对他们的行为视而不见，也没有以离开他们相要挟或指责他们不好。相反，你将他们的行为讲出来，让他们自己而非你来处理，并告诉他们你希望他们做什么。你的目的是趁着他们的成瘾行为还没有进一步恶化时，促使他们正视并解决自己的成瘾问题。

即使你的做法未能促使他们不再做出自毁行为，至少也让他们的成瘾问题暴露出来，不再是无法言说的受控状态，也不再是令人痛苦的秘密。他们现在知道你是作为关心他们的人，来告诉他们你希望他们不要再伤害自己并回归正常生活。

定期反复告诉那些你关爱的人你所看到的和你所希望的非常重要，哪怕这意味着你余生一直要这样做。当你关心的人正处于成瘾行为的初期阶段时，你尤其要及时这样做。

除了讲出他们的行为，你或许还可以帮助他们面对成瘾的根本原因。该领域的专家普遍认为，大多数成瘾背后都潜藏着负罪感或羞耻感，或二者兼而有之。

2. 帮助他们处理负罪感

当人们的行为被道德准则、受人尊敬的权威人士或他们自己判定为不道德、不正当，抑或对自己、环境或他人有害时，他们就会产生负罪感。合理的负罪感产生于人们确实伤害自己或他人的时候，特别是当他们明知故犯时（我指的是合理的负罪感，而非不合理的负罪感，我很快就会谈到二者之间的区别）。负罪感往往驱使人走向成瘾。你可以带着体贴，帮助你在乎的那些人直面负罪感，从自责情绪中解脱出来，并获得战胜成瘾的力量。

如果成瘾者不希望负罪感控制他们的生活，他们需要为自己的行为道歉，原谅自己，在适当和可能的情况下做出补偿，以及不再做出导致负罪感的行为。负罪感的意义在于它能够改变人们的态度和行为，因此我们需要解决它，而非对其视而不见。遗憾的是，当那些怀着好意但方向错误的朋友或咨询师没有认真对待负罪感时，它就会丧失正面价值，其驱使人们成瘾的力量反而得到放大。

当他人产生负罪感时，你应该认可他们的负罪感并原谅他们。如果你无视他们的负罪感，或立即谴责并冷落他们，那你就没有帮到他们。他们的负罪感为你提供了绝佳的机会，来让你践行爱的无条件接纳。通过对他们表现出宽容和坦诚，你可以帮助他们面对自己的负罪感，然后让他们原谅自己。如果他们能够采取这些措施，他们的负罪感就会大大减轻，而且由于重新拥有受到珍视的感觉，他们就能够培养出开始负责任地行事所需要的品格。

如果负罪感正在驱使他们做出自毁行为，他们需要：

- 承认任何伤害他人或自己的行为。
- 原谅自己，并做出适当的补偿。
- 不再做出这种行为。

为了提供支持，你可能需要对他们这样说：

“因为你用那些钱所做的事伤害了你自己和我。我原谅你。

我希望你能承认自己的行为，原谅自己，并杜绝这种行为。”

或者，

“你为了滥用药物而偷窃。你以自毁的方式来应对痛苦。你不是第一个这么做的人。我原谅你。我希望你也原谅自己，并改过自新。”

当然，你所关爱的人可能不会这样做，他们可能会继续做出自毁行为。你永远无法确定你所做的任何事情都能帮助他们自救。但是，当面原谅他们，同时直接告诉他们你希望他们做什么，会大大增加他们转变的可能性。无视他们、掩盖他们的错误，抑或试图控制、惩罚或冷落他们都不会奏效。因此，你应该尽可能地原谅他们。

你可能需要一次又一次地原谅他们，就像你需要反复原谅自己所做的那些愚蠢、有害、无益的事情一样。原谅一再伤害你的人，并不意味着宣布他们的行为是可以接受的。相反，这意味着接纳并原谅他们的不完美，从而让他们看到你对他们的爱，并开始爱他们自己：

“虽然我无法阻止你继续偷窃，但我可以告诉你，我爱你，我原谅你，我希望你能原谅自己并寻求帮助。我希望你知道我会支持你的努力。”

如果你发现自己的感受更多是愤怒而非失望，你可以回到本书第四章，并在三要素对话中补充以下内容：

“当我得知你为了滥用药物而偷窃（他的行为），我感到害怕和愤怒（你的感受），因为你正在违法，并伤害我所爱的人（你有这种感受的理由）。”

然后，你可以补充一句：“我原谅你。我希望你原谅自己。我希望……”

与真实、合理的负罪感相比，错误的负罪感是一种不恰当的自责。之所以说它不恰当，是因为尽管它可能源自多个方面，并呈现出多种形式，但它脱离现实。错误的负罪感源于对自我和世界的扭曲认知，播下这颗种子的通常是这两种人：过于严厉、过度说教的父母，以及利用恐惧和负罪感来控制年轻人的道德权威。多年后，它所产生的影响可能像真正的负罪感一样令人窒息。因此，它往往会摧毁那些无法摆脱童年时期被迫接受的极端道德教育的人。例如，一些成年人仍背负着因儿时做过的一些小事而产生的巨大负罪感（“我8岁时从母亲的钱包里偷了5毛钱，这件事至今仍让我耿耿于怀”）。还有一些人，会因为父母离婚甚至全球饥饿问题而产生负罪感，但这些问题都不是他们造成的。如果人们不能认清这种负罪感的本质，那么它就会以负面力量的形式不断滋长，并与其他力量结合在一起，驱使我们做出自我惩罚式的成瘾行为。

当我们所爱之人背负着显然毫无根据的负罪感时，你可以让他们停下来审视这种负罪感。尝试换位思考也许有帮助：请他们为你小时候从母亲的钱包里偷了5毛钱，或为你没有拯救世界，抑或为你没有做到完美而判定你有罪。然后让他们提出对你的惩罚。如果他们无法指控你和为你定罪，这可能有助于他们看清他们的自责是不恰当的，从而放松下来，并放下长久以来所承受的痛苦。如果他们做不到这一点，你可以将他们的负罪感当作真正的负罪感来对待，并原谅他们，然后让他们原谅自己。

错误的负罪感本质上不是理性的情绪。因此，我在这里所描述的这种逻辑思维并不会被某些人所理解。他们会执着于他们的自责，以及他们的痛苦和自毁行为，而你无论怎么做都无法帮助他们解脱。然而，对于其他人来说，你帮助他们摆脱错误的负罪感的努力，连同你所表达的关心，可能有助于提升他们的自我价值感，从而让他们能够放下不恰当的负罪感，并开始新的生活。

3. 帮助他们摆脱羞耻感

羞耻感是一种比负罪感复杂得多的情绪。由于行为学专家们直到最近才开始认真对待羞耻感，因而关于它究竟是什么的争论仍在继续。不过，大多数专家赞同一种区分负罪感与羞耻感的基本方法：当人们以错误的方式行事时，他们就会产生负罪感；当他们认定自己错了时，他们就会产生羞耻感。换言之，负罪感让人因自己的行为而自责，羞耻感则让人因自己本来的样子而自责。

在羞耻感那令人难以理解的复杂性中，有些羞耻感是有益的。这些羞耻感让我们因未能成为理想中的自己而感到不安，并提醒我们“我们是谁”和“我们需要成为谁”之间的差距。它自然而然地从我们内心产生，并带来积极的影响。例如，当我们认为自己可以侵犯他人的权利而不受指责时，我们的羞耻感就会告诉我们不要这样做并尊重对方。它提醒我们他人的固有价值、我们自由的适当界限，以及越界的悲剧性后果。如果历史上那些贩卖奴隶、实施种族灭绝、肆意施虐的人能有这种羞耻感，人类本会免受许多苦难。

但我们这里所关注的羞耻感并非是那种能够抑制自毁行为的健康力量。相反，这种羞耻感限制人们去做健康的、有建设性的和必要的事情。至少，它扭曲了他们对自己的看法，就像他们透过脏污、模糊或破碎的眼镜看自己一样。这种羞耻感夸大了他们的缺点，不让他们看到自己的任何优点。因此，在他们眼中，他们永远达不到自己理想的状态，或者他们钦佩的人的水平。

最坏的情况是，这种羞耻感会摧毁人的自我价值，让他们深陷自我憎恶之中，并使他们染上被称为灵魂疾病的恶疾。一旦他们做了一件令自己羞愧的事，就会觉得自己很糟糕，认为自己是坏人。他们不仅认为自己不配获得特殊的青睐（我们所有人都是如此），还认为自己一无是处（我们中没有人真正如此不堪）。在自我批评的恶性循环中，他们无法容忍自己，往往陷入自我厌恶和成瘾行为，沉浸在羞耻感的痛苦中，并用他们能找到的任何东西来减轻这可怕的痛苦。

受羞耻感困扰的人不可避免地不信任自己和他人，包括那些他们最亲近的人。因此，他们无法建立健康的关系，往往过着绝望的孤独生活。由于缺乏尊重他们的群体的支持，他们不符合社会常规的自毁行为往往得不到制止。他们竭力想获得那些他们似乎无法信任的人哪怕最微小的认可，但往往并不成功，他们因而承受着深深的隔阂感。

为了从成瘾状态中解脱出来，你那些受羞耻感困扰的亲友必须明白不是他们没有价值，而是他们的羞耻感毫无价值。你有幸帮助他们发现这一真相，并做出有助于疗愈创伤的选择。关键是要记住，你要做的不是拯救他们，而是作为独立的个体对他们全然在场，体贴地倾听他们的痛苦，耐心地表达共情。为此，尽管你不纵容他们的自毁行为，但你可以不带评判地倾听，告诉他们你有多么爱他们，并承诺永远不会厌弃他们，根据需要反复给予他们温暖的拥抱和口头肯定。他们可能需要得到持续的安慰。由于受到羞耻感的束缚，他们也可能永远无法信任你。但如果你向他们表明，你接受他们本来的样子，而且无论发生什么都会支持他们，这将有助于你们建立信任。每当你提到那些自毁的人，如果你表现出明显的尊重，这也将有助于让他们相信你在关心他们，不带偏见，且值得信任。最终，让他们明白尽管他们把自己的生活搞得一团糟，给你带来了痛苦，但你依然爱他们，这是你能给予他们的最美好的礼物。

一旦你获得了他们的信任，你就可以在恰当的时机鼓励他们找出这种羞耻感的根源，并向你讲出来。这对他们来说可能并不容易。人们通常觉得处理这种羞耻感比处理负罪感更为困难。这种羞耻感所带来的创伤更深，留下的情感伤痕更大，而且它并非从我们内心自然而然地产生，而是由各种外界力量所引发的，而大多数受羞耻感驱使的人并未察觉到这些力量，也不愿意去思考。对他们来说，反思造成痛苦的原因可能需要他们面对自己一些不堪的真相，因此他们倾向于对羞耻感保持无知和隐瞒。具有讽刺意味且令人悲哀的是，这让羞耻感的力量反而得到增强。然而，当他们愿意去寻找羞耻感的具体根源，愿意看到它并向你讲出它时，情况就会发生逆转：他们的羞耻感会大大减弱，变得更容易面对和摆脱。

有三种力量是造成自毁性羞耻感的主要因素。让我们来看一看它们都是什么，以及如何帮助他人战胜它们。

1. 社会偏见：种族主义、阶级歧视、性别歧视等

这些负面评判让人们错误地为自己的肤色、经济水平、性别或性取向等他们自己几乎无法控制的因素而感到羞耻。

首先，没有人有权让他们感到羞耻。我们无须费力寻找就能发现他们成瘾和自毁的行为模式。他们从那些被厌弃或在某种程度上被剥夺了完整人性的社会群体中获得身份认同。

其次，如果你的朋友受到这种羞耻感的困扰，你可以鼓励他们不

要因为种族、社会阶层、国籍、性别或性取向而觉得自己应该自责。如果他们做不到这一点，且无法肯定自我价值，那么你可以为他们做到这一点。你可以告诉他们，你多么珍视他们本来的样子。

最后，你还可以询问他们，是否认为其他人也应该为自己本来的样子而感到羞耻。如果是的话，原因又是什么？连同你充满关爱的肯定，这样一个直接而温和的询问或许有助于他们开始意识到他们的羞耻感是不必要的，并且是应该摒弃的。

2. 他们在童年时期所遭受的父母虐待

如果你关心的人曾被父母以抛弃相要挟，或者遭到父母或兄弟姐妹任何形式的虐待，成年后他们仍可能觉得自己不配得到尊重或拥有美好的生活。如果他们一直将这种虐待作为家庭秘密隐瞒着，那么这种羞耻感无疑会加深，直到今天，他们可能仍因自己的本来的样子而感到羞愧。你可以向他们表达共情，说："带着这样的记忆和感受生活一定很糟糕。"然后你可以鼓励他们接纳自己的伤口，让它们愈合，而不是反复揭疤，并设想伤疤和痛苦会逐渐消失。尽管他们可能深受伤害，但如果他们想从成瘾行为中解脱出来，就必须拒绝以过去的受害者身份生活，并开启新的生活。

3. 将他们定义为失败者的社会标准

我们的社会倾向于认为，如果我们缺乏财富、权力、职业地位或名望，就意味着我们是失败者。许多人轻易地接受了这一评判标准，根据自己的种种失败来定义自己，并沉溺其中。遗憾的是，家人或朋友往往强化他们的这种看法，总是告诉他们，他们很糟糕或很差劲，拿他们与别人比较，并不断贬低他们。无论他们是否达到标准，那种永远做得不够好的羞耻感都日夜纠缠着他们。

如果你的亲友遭受这种羞耻感的折磨，你可以帮助他们打破消极的自我定义，拒绝将他们视为失败者，并告诉他们。你可以提醒他们，有缺点是正常的，也是不可避免的，作为人有时会失败，这没什么可羞愧的，他们无须贬低或否定自己。如果他们不接受你的鼓励，你可以让他们以失败为师，给自己一个从失败中学习的机会，而不是因失败而一蹶不振。

你还可以坦率地与他们分享你自己的失败经历，让他们明白你是这样一个人：(1)你本身就很有价值；(2)你曾做过令自己感到羞愧的事情；(3)你选择不让失败和羞耻感控制自己的生活。拿自己的失败来调侃或许能帮助他们决定不再把自己的失败看得太重。你可以告诉他们，没有人比你更擅长失败。对他们来说，仅仅看到你坦然接受自己的不足，或许就能帮助他们放下包袱，接纳自己。

如果他们表现出急于摆脱羞耻感的愿望，但过了一段时间似乎没有取得进展，你可以让他们寻求专业帮助，或许可以为他们提供一名咨询师的名字或电话号码，或者当地专门治疗成瘾和羞耻感的治疗中心的信息。

4. 当成瘾行为可能要毁掉他们时进行干预

那些因羞耻感而成瘾的人可能对你所做的上述一切努力都没有反应。他们可能更加频繁地滥用药物，导致严重的财务、法律或健康问题，并往往陷入最终的恶性循环。要想避免彻底自毁，他们必须停止滥用化学物质。如果他们的财务状况一团糟，而且用酒精来掩盖痛苦，那么在解决财务问题之前，他们必须戒酒。虽然戒酒并不能解决财务问题，但如果他们想解决这类问题，就不能继续酗酒。关键是要认识到物质滥用的严重性，并首先集中精力帮助他们停止物质滥用。

令人遗憾的是，那些对药物滥用上瘾的人往往会一直滥用药物，直到工作、婚姻、孩子，甚至生命都处于危险之中。如果你能及早指出他们的行为，支持他们处理负罪感和羞耻感的努力，你或许能趁着他们还没有失去一切，也许还包括他们的生命，帮助他们摆脱困境。但你也有可能做不到。

当药物滥用者达到危机阶段，通常会出现以下三种情况中的一种：(1)药物夺走他们的生命，或者他们选择自我了结；(2)他们自行决定开始戒除过程；(3)关爱他们的人强迫他们去寻求帮助。

事实上，在危机阶段，你可能需要对他们启动“干预”程序。所谓干预，指的是成瘾者的亲友在成瘾者对自己造成不可逆的伤害之前，促使他们决定接受专业强化治疗的程序。一旦你发现危险迫在眉睫的迹象，例如一个酗酒的朋友因饮酒过量而昏厥，或者家中一个药物滥用者开始偷窃，你应立即启动这一程序。出现这样的迹象，你就应当采取合理且紧急的救助行动。这是在你找律师或报警之前所要做的最后一步。

在对成瘾的家庭成员或朋友启动干预程序之前，关爱他们的人会先聚在一起，就迫在眉睫的危险的具体迹象达成一致意见。这些迹象包括违反法律、无法维持工作、不必要的财务危机、严重的身体或精神疾病，以及对人际关系的严重破坏。在干预行动开始时，在场的人先列举出已发现的种种迹象，以此来证明他们坚持让他们所关爱的成瘾者接受正规专业治疗是合理的。他们还要告知这个人，除非戒除成瘾行为，否则他们将不再与其保持正常的往来。同时，他们承诺会陪着这个人渡过戒除期。干预过程很艰难，也并不总会成功，但有时会决定生死。

一套新的助人方法

你现在拥有一套具有建设性的新方法，来帮助那些成瘾和自毁的人。你会：

- 尽早描述他们的行为，并告诉他们你希望他们做什么。

- **认可他们的负罪感并原谅他们，然后让他们原谅自己。**
- **鼓励他们识别、暴露以及摆脱他们所承受的羞耻感。**
- **寻求专业人士的帮助，启动紧急干预程序。**

当然，这些非拯救性质的努力可能并不奏效。正如你一直以来所知道的，无论你做什么，都必须忍受那些遭到成瘾问题困扰的人所带来的痛苦。你或许还会受到来自你拒绝拯救的朋友和坚信拯救有效的人的批评。你很可能不得不忍受不确定的感觉，即不知道自己是否在帮助那些你关心的人。但至少你不会再纵容他们继续其自毁行为，而让情况对他们和你自己变得更糟。

或许一些成瘾的亲友会接受你的关爱，并彻底改变自己的生活。你的拒绝拯救，连同你乐于接纳的态度和充满尊重的坦率，或许能让他们自己拯救自己。如此一来，你不仅能让自己的生活保持平稳，而且还能处于有利的位置去支持和享受他们的恢复。

而且，你将仍然是一个善良的人。

你 的 善 良 必 须 要 有 锋 芒

原则 9

不要保护处于悲痛中的人

好朋友的丈夫因突发心脏病而不幸离世。你匆忙赶到她家，发现别人都在试图安慰她。她所能做的就是抽泣和讲她丈夫吸烟和缺乏锻炼的事。你告诉她哭和生气于事无补，但她并没有理你。你试图安慰她，但没有成功。你告诉她，为了孩子，她必须坚强起来，这反而让她陷入崩溃。最后，你甚至觉得自己就不该出现在这里。

我10岁那年第一次深切地感受到了丧亲之痛。我的祖母安娜与我们一家共同居住在费城郊区的一栋大房子里。我们家是个大家庭，除了祖母，还有我的父母、三个姐姐、我的舅舅和我。祖父很多年前就去世了，而75岁的祖母仍在城里的女子监狱担任舍监，每天辛勤地工作。每个人都很敬爱她。一天清晨，她像往常一样乘公交车去上班，但因身体不适很快回家躺了下来，当天上午就去世了。我一到家就得知了这件事，父母却刻意让我一整天都待在屋外。由于我知道发生了什么，因而在那几个小时里，我非常悲伤，也为无法与家人在一起而难过。我还记得，那天晚上和家人一起哭对我帮助有多大。

我第二次经历丧亲之痛是在祖母去世七年以后。1950年3月，在我高中毕业前夕，我54岁的母亲从一辆有轨电车的踏板上摔了下来，髋部骨折。十天后，也就是她出院的前一天，在她第一次表示开始觉得自己又恢复到往日状态的第二天，一个血块卡在了她的心脏里，她很快平静地离开了人世。这个消息对我们如同晴天霹雳，那天可能是我一生中最糟糕的一天。

第四节课后，校长叫我去他的办公室，我才得知母亲去世的消息。我的父亲和他的牧师、我的姐姐伊莎贝尔都在那里等着我。当我看到他们脸上的神情时，我就知道他们要告诉我什么。我记得自己只是哭喊着："哦，不！"我想我说的是"不可能，不，不，不！"我在他们那长而有力却又颤抖的拥抱中，以及我们泪水的交融中，渡过了最初那极度痛苦的时刻。当我们到家时，我另外两个姐姐艾拉和梅与我哭成一团。父母的朋友们很快就来了，有的带来鲜花或食物，有的只希望能分担我们的悲痛。他们的到来对我们意义重大，特别是对我父亲而言。在和许多长辈围坐在一起度过了一个漫长的下午之后，我的姐姐们劝说父亲让我开车去找我的女朋友待一会儿。那天晚上，我把车停在她家门前，我们坐在车里，我啜泣着，她只是抱着我。这么多年过去了，我常常在想，如果没有这样的支持，我将如何渡过最初那些悲痛欲绝的时刻。

面对无法避免的悲痛

悲痛是当生活出现变故或威胁时，我们必须做出的痛苦调整。无论是亲人离世、得知自身健康状况恶化、失去宝贵的工作，还是遭遇个人挫折，我们都必须适应这些变化。由于我们的生活中每天都有大大小小的变故发生，痛苦弥漫在人类生活的方方面面。从某种非常真实的意义上来说，人生的本质就是悲痛。

本章主要关注他人在失去自己关心的人时所承受的巨大悲痛，以及你如何与他们相处。这部分内容将有助于你在遇到以下情况时，做出有效的回应：

- 一个好朋友的丈夫因突发心脏病去世。
- 一个同事的母亲在经历长期病痛折磨之后去世。
- 一个邻居在暴风雨中因车祸去世。
- 一个老朋友在流产后陷入抑郁。
- 有人打电话告诉你，他年幼的女儿在睡梦中因窒息而夭折。
- 你的孩子最喜欢的老师因罹患绝症去世。

幸运的是，我们并非每天都要面对如此沉痛的打击。然而，我们始终受到一种意识的困扰，即早晚有一天，这样的打击会降临在我们身上。而且，在那样的时刻到来之际，我们都希望能说出恰当的话语，以一种可以宽慰他人的方式，以一种或许可称为崇高的体贴去接近那些承受丧亲之痛的人。然而，我们生活在一个极力回避死亡和临终现实的社会，学校里从未开设过有关悲痛的课程，我们也很少在如此强烈的情感层面上经历悲痛。因此，甚至在我们经历这样的考验之前，我们就已经感到自己笨拙无能和局促不安了。

更糟糕的是，我们知道当这些时刻来临，我们走近丧亲者时，他们的言行可能会让我们感到困惑。他们的情绪可能波动剧烈。当他们感到崩溃和心烦意乱时，他们可能会表现得很平静，抑或当他们痛苦到不堪承受时，他们会放声大笑。如果他们处于震惊之中，他们甚至可能不知道自己希望从我们这里得到什么。最糟糕的是，在他们竭力应对悲痛时，他们可能会期望我们做一些我们做不到的事。

一想到会受到他们巨大痛苦的触动，我们可能会感到非常不安，以至于想尽量避开他们，并徒劳地搓着手。当然，通常情况下，我们的善良和同情心会迫使我们走近他们，无论结果是好是坏，我们都会尽力而为。不知不觉中，我们想当然地认为，既然自古以来人们都能从这些情况中挺过来，那么只要我们尽力效仿他人的做法，我们就能应付过去。但关键在于无论我们多么充满善意、多么努力尝试，在大多数情况下，我们最终都会觉得自己的努力毫无帮助，有时甚至会加重那些悲痛者的痛苦。

你拥有与悲痛者产生最深层次共鸣的能力，我们每个人都有能力做到这一点。你可以学会在面对悲痛时真诚地提供帮助，这样你就会对自己的努力感到满意。悲痛是一个过程，你需要对此先有个基本的认识。

悲痛是一个过程

大多数人认为，悲痛仅仅是因重大丧失而产生的深切悲伤，这种悲伤会带来哀悼，即以传统的、可接受的方式来表达哀伤。但专门研究悲痛和哀悼的专家们告诉我们，实际情况更为复杂。

第一，他们认为并没有一种普遍适用的哀悼方式，即没有一种简单、统一、拿来即用的哀悼方式。我们每个人都以不同的方式哀悼，通常遵循家庭传统，并根据各自特定的亚文化习俗进行调整。

第二，他们将悲痛定义为我们在面对不幸现实时必须做出痛苦调整的动态过程。他们表示，悲痛的过程几乎总是会让我们经历一系列可识别的情绪和心理阶段，或防御性反应：

1. **否认**：“哦，不，这不可能！”或者“一定是搞错了！”
2. **愤怒**：“这不公平！为什么偏偏要……？”
3. **祈求**：“如果上天能让她渡过这一关，我愿意……”
4. **抑郁**：“生活毫无意义。我活不下去了。”
5. **接受**：“我想我可以……我也只好……继续活下去。”

第三，专家们对这些阶段的性质、名称以及顺序存在分歧。他们发现悲痛者并不总是按照顺序经历前四个阶段，有时甚至似乎同时经历所有阶段。他们也可能会在某个阶段停滞一段时间，或者多次进出这五个阶段。然而，迟早，在他们到达第五个阶段，即接受痛苦的现实并继续活下去之前（如果他们能做到的话），他们就会以某种方式、在某种程度上经历前四个阶段，而这对他们来说很重要，无论他们是否意识到自己在经历这一过程。

一旦我们认识到悲痛是一个自然且正常的过程，也是一种成长的宝贵源泉，我们就可以耐心地对待那些努力从丧失中恢复过来的人。我们可以对影响他们的力量和复杂因素保持敏感，并在他们经历每个阶段的过程中，甚至在最深层次上，与他们建立恰当的联系。正是将悲痛视为一个过程，才使我们能够为向丧亲者提供有益的帮助奠定基础，并对自己提供帮助的努力感到更加满意。

现在我们来看一看善良的人在与悲痛者相处时无意中犯下的常见错误：**保护行为**。

各种保护性策略

当对我们重要的人承受丧亲之痛时，我们渴望保护他们免受深重痛苦的折磨。我们所关心的是避免痛苦，并倾向于认为自己即使没有感同身受，也做到了体贴入微。我们想当然地以为保护处于悲痛中的人是一种充满爱的做法。这种做法之所以得到强化，是因为大多数处于悲痛中的人都更愿意受到保护，而非持续承受痛苦。此外，主流观点也支持我们惯常采取的保护性策略。

我之所以称这种保护是个错误，是因为它与提建议和拯救他人一样，非但无法为悲痛者提供所需的支持，还延缓了他们的恢复进程。同时，由于这种保护与上述两种错误一样，受到社会的广泛认可，而且总是有人真诚地提供，所以我们并未将其视为问题。此外，由于保护性策略经常与其他对悲痛者健康且有益的回应混杂在一起，因而未受到批判性的分析。因此，在我们继续深入探讨之前，明确为何保护是一种错误很重要。为了做到这一点，我们需要仔细观察我们通常对悲痛者所采取的保护性策略，这些策略对他们产生什么影响，以及它们最终为何无法奏效。

第一种保护性策略是展现坚强。当面对处于悲痛中的朋友时，几乎所有人都试图表现得坚强。我们表现得好像我们知道自己在做什么，尽管我们并不知道。我们害怕说错话，却假装镇定自若。即使我们没有把握正确行事并减轻他人的痛苦，也会表现得很自信。

当然，我们营造出的坚强外表都是虚假的，我们的伪装在悲痛者与我们之间筑起一堵不可穿透的无形之墙，使自己在他们眼中变得既不真实又陌生。此外，当他们误认为我们很坚强时，就会更加清楚地意识到自身的软弱。如此一来，我们让他们感到孤立无援、低人一等，甚至在某些情况下会心生怨恨。最后，我们离开时不仅感到力不从心、对自己的表现不满意、与自己最深层次的情感割裂，还会与那些我们试图保护的人产生疏离感。

在意识层面，我们努力表现得坚强，本意是想鼓励那些身处悲痛中的人也坚强起来。我们认为，如果我们展现出坚强的一面，就能帮助他们保持镇静。我们最不愿意看到的就是他们陷入崩溃。我们不希望他们让自己难堪，或无法应对即将面临的种种严酷的考验。但我们之所以表现得坚强，还因为他人的死亡近在眼前，这威胁到了我们的情感安全，让我们在内心深处对丧亲者的巨大痛苦感到脆弱。他们的任何情绪崩溃都会让我们想起生活的悲剧性一面，并让我们对自己终有一天也会死去这一事实感到焦虑。因此，我们不假思索地装作坚强来保护自己。

当然，承认当时存在这种焦虑（即使我们意识到了）是很困难的。但重要的是，当我们通过制造与他人的情感距离来掩饰自己的焦虑时，我们不仅自欺欺人地认为自己能够帮助他们，同时又对他们所承受的痛苦置身事外，而且还轻视那些我们声称关心的人的深切感受。我们背叛了自己的真诚，背叛了想要提供帮助的初衷，也背叛了那些丧亲者。

第二种保护性策略是保持沉默。善良的人通常有个心照不宣的约定，那就是永远不向丧亲者提及死亡。这种沉默与我们面对这两种人时的沉默完全相同：被告知身患绝症的人以及收到其他可怕消息的人。我们想当然地认为，不提及死亡可以避免加深他们的痛苦，或者可以帮助他们逃避痛苦。然而，我们的沉默虽然可能暂时起到一定作用，让他们能够回避亲人去世这个可怕的核心事实，但这是他们需要逐渐接受的现实，而我们的沉默会延缓这个过程，并延长他们的痛苦。

第三种保护性策略是没话找话。我们用没话找话来分散他们的注意力。他们遭受无法挽回的重大丧失，内心深感痛苦。由于对这种痛苦感到不安，在不知说什么好或没什么可聊的时候，我们可能会谈论交通、耽搁我们的天气状况、最近在电视上看到的新闻，或者其他无关紧要的事情。

总有一天，那深重的打击会逐渐消退，悲痛者将尝试继续他们的生活。到那时，他们可能需要谈论的不仅仅是他们的丧失，我们提出的其他话题或许正是他们所需要的。但在他们最初承受痛苦消息的打击时，这样的谈话会占据他们本应用于悲痛的时间，并侵扰他们的哀悼过程。

第四种保护性策略是使用委婉语。我们希望使用委婉语能避免或减轻死亡所带给他们的粗暴冲击。我们往往不愿直接称呼逝者的名字，而是倾向于用他们的角色（你的妻子）或代词（他或她）来指代他们。你经常会听到类似这样的话："听说她去世了，我很难过。"或

“得知你失去了丈夫，我感到很难过。”保护者发现自己几乎不可能说出这样的话：“听说弗雷德死了，我真的很难过。”

此时，使用委婉语可能以三种方式给人造成伤害：一、悲痛的朋友可能反感我们以及我们那些含蓄的、无人称的话语，尽管他们可能不会提出来。二、委婉语可能导致他们对我们提供的帮助产生怀疑，因为他们会觉得我们并没有意识到他们处境的严重性。三、希望他们在某种程度上否认已发生的事情，他们可能会用我们的委婉语来帮助他们推迟面对他们迫切需要处理的痛苦感受。

第五种保护性策略是安慰丧亲者。我们可能会说诸如“至少他没有承受太多痛苦”或者“情况本来可能更糟”，抑或甚至“幸好你还有另外两个孩子”之类的话。我们希望他们能看到事情光明的一面，即使我们必须虚构一种乐观的情况。我们会向他们保证一切都会好起来，即使我们并不知道自己在说什么。我们无意中告诉他们，他们的痛苦是不合理的，他们不该那样伤心难过。当我们安慰丧亲者时，我们往往低估了那些压垮他们的感受，导致他们更加难以宣泄悲痛。

第六种保护性策略是给丧亲者提建议。例如“别当着孩子的面哭”，或“等这件事结束，就出去好好度个假”。如同提建议通常所起的作用一样，这样做会分散他们自己寻找解决方案的注意力。这不仅是一种居高临下的态度，也是一种不真诚的表现，还是一种试图控制他们的行为。在这种情境下，提建议是一个尤其严重的问题。因为当我们试图控制丧亲者时，可能会导致他们在悲痛的过程中误入歧途。即使我们的建议能引导他们走向合理的方向，这也与他们对自己恢复应付的责任背道而驰，而且除了悲痛之外，这还会让他们觉得自己无能、压力重重，并产生错误的负罪感。

第七种保护性策略是诉诸陈词滥调。这一点在那些有宗教信仰的人身上体现得尤为明显，他们会说："我们会想念她，但我们知道她在一个更好的地方"，或者是常见的"我在为你祈祷"（即使是善良的非宗教人士也会告诉丧亲者，他们在为对方祈祷，不管是真是假。这是以一种间接的方式告诉他们我们关心他们，不会忘记他们）。丧亲者当然有痛苦的理由，而这是另一种分散他们注意力的保护性策略，使他们无法充分感受到失去亲人的冲击，也无法好好处理自己的悲痛。（这种策略在最糟糕的情况下，表现为某些宗教狂热分子麻木不仁地试图让丧亲者皈依某种宗教信仰，在他们最脆弱的时刻，借所谓的"终极庇护"来操纵他们。）

第八种保护性策略是草率承诺。我们往往会对丧亲者表示："如果你需要任何帮助，请随时给我打电话。"我们希望那些正在遭受痛苦的人认为一切都会好起来，因为我们会为他们做任何事，尽管有些事我们不会去做。我们希望他们认为没有什么问题是我们解决不了的，尽管我们知道这不是真的。但当我们表示愿意为他们做任何事时，他们可能会让我们做一些我们做不到或不愿做的事。如果他们真的提出请求，我们可能会对他们心生怨恨。如果我们不按照他们的请求去做，我们就违背了自己所宣称的帮助他们的意愿，同时也给他们的悲痛增加了挫败感。

第九种保护性策略是催促丧亲者尽快摆脱悲痛。我们暗示他们，只要他们足够坚强，就能很快走出悲痛。一段时间以后，我们可能会问："你还要消沉多久？"或者告诉他们："你不能再自怨自艾下去，你的生活还要继续。"我们可能期待朋友在三个月内放下多年建立起来的感情，从而让他们对迟迟走不出悲痛而感到愧疚。但当我们催促他们放下丧亲之痛时，他们可能会压抑自己的悲痛，既无法吸取教训，又损害了自己的健康。

最后，无论我们多么真诚，这些用来保护丧亲者的策略都不会奏效。这些策略之所以无效，是因为它们让我们扮演了错误的角色——保护者，这往往会破坏悲痛的过程，转移我们的注意力，让我们无法提供真正的慰藉。如果你意识到了保护所带来的伤害以及这是何等错误，那么当下一次需要你陪伴丧亲者的时候，你可以决定不再：

- 装作无比坚强的样子。
- 避免提及死亡。
- 没话找话地闲扯。
- 使用委婉语。

- 试图安慰他们。
- 给他们提建议。
- 说一些情感空洞的陈词滥调。
- 做出无法兑现或不愿兑现的承诺。
- 催促他们尽快走出悲痛。

但如果你决定不再保护那些遭受悲痛的人，你又该如何与他们相处呢？

替代保护的方式

与流行的错误观念相反，时间的流逝本身并不能缓解深重悲伤或治愈深深的创伤。虽然时间有助于恢复，但真正起治愈作用的是哀悼。

死亡摧毁了丧亲者的情感安全系统，这往往会使他们陷入震惊之中。与此同时，他们的生活节奏骤然减慢，甚至停止，这给他们提供了时间来消化所发生事情的意义。这段时间本身就可能令他们感到恐惧和痛苦，但我们不能忽视或浪费它。为了重新拾起生活的碎片，并最终带着恢复的喜悦继续前行，他们必须利用这段时间来哀悼，忍受我们之前提到的痛苦且往往艰难的调整。他们还必须通过某种方式去悼念，从而让自己从痛苦的束缚中解脱出来，治愈创伤，走出令他们感到无力的悲伤。有人曾说，悼念是为了修复。当至爱亲朋离世、不得不独自前行时，每个人都需要疗愈和修复内心的伤痛。

我们要做的是支持他们渡过这个痛苦的哀悼过程。

支持首先意味着全然在场

如果你希望与你在乎的人建立深层次的关系，就必须学会对他们持续地全然在场。正如我们之前所看到的那样，这主要不是策略、技巧和达成某种目标的问题，而是与他人真诚相处的本质，即以最富有人情味的方式与他人相处的问题。我认为这种全然在场恰恰是人在危机时刻和极度悲痛之时所需要的。幸运的是，即使你与那些处于悲痛中的人之间关系疏远、僵硬或肤浅，你也可以做出承诺，在这些特殊时刻对他们全然在场。

全然在场意味着在他人需要情感支持时陪伴在他们身边。然而，他人何时需要支持是不可预知的，而且很多时候，我们必须陪伴其他对我们重要的人或我们自己。因此，我们无法向所有我们在乎的人承诺我们会一直陪伴在他们身边。我们可以对他们在什么情况下最需要我们保持敏感，并做出深思熟虑的选择。如果我们能够坦诚地告诉朋友在什么情况下他们可以依靠我们，在什么情况下不能，那么无论我们何时与他们在一起，都会是全然在场，我们的互动也会是真诚的，彼此都会因此而受益。

全然在场还意味着关注丧亲者的需求，而非你自己的需求。如果你一心想着给他们留下好印象，或想确保他人知道你是一个多么好的人，你就无法提供他们所需要的支持。当你走进他们的世界时，必须放下自己的需求和打算，顺应当时的情境。在进门之前，先弄清楚自己内心的想法，有意识地明确自己为何来到这里，然后专注于成为他们需要的那个人。

要想做到全然在场，你必须以一个同丧亲者一样承受痛苦的普通人身份来接近他们。你要做的是作为一个关心他们且脆弱的朋友同他们在一起，而非装作一个无所不知且害怕暴露自己恐惧的人。这可能会让你觉得奇怪，但全然在场要求你接受这样一个悖论，即**只有当你能够展现自己的软弱时，你才是一个真正坚强的人。**

这个悖论打破了一个流行的错误观念，即要想表现得坚强，你就不能表现得软弱，并且如果你感到软弱，那么在需要你给予支持的时候，你必须隐藏这种感受。尽管这似乎很奇怪，但当你暴露自己的软弱时，你就可以将你的力量传递给那些需要它的人。当他们感到心碎时，如果我们能承认自己同样感到心碎，他们就能从我们这里获得支持和治愈。当他们受伤时，他们可以从那些能对他们的悲伤和痛苦感同身受的人所带来的亲近感中获得慰藉。而且，由于你无法做任何事情来挽回死亡，因而你不仅必须接受死亡的事实，还要接受自己无法消除他们的痛苦以及他们的问题无法解决的事实。

全然在场还包括默默地与他们一起承受痛苦。即便在你的沉默给了他们时间来表达自己的感受之后，你还是越少说话越好。因为处于震惊之中的人本就很难听进去什么。你并没有忽视他们，也没有不理会他们的丧失，而是避免用没话找话来填补安静的时刻。你在艰难的沉默时刻所表现出来的忍耐，无声地传达了你的关怀。你向他们传达了这样的信息：“我不会控制你。尽管此刻我给不出权宜之计，但我会陪着你。我不会对生活失去希望，也不会抛下你。”

全然在场还要求你以能鼓励他们感受和表达痛苦的方式与他们建立联系。耐心且安静地用心倾听。你的关注会让他们觉得不必隐藏自己的负面感受。如果他们感觉到你在倾听他们，尤其是他们没有说出口的话，他们就会觉得你与他们心心相印，或许会更愿意敞开心扉讲出他们此时的感受。

眼神交流会告诉他们你就在那里，就在他们身边，不是为了消除他们的悲伤，而是为了分担他们的悲伤。在他们的眼中，你能最清晰地看到他们的感受，尤其是在他们无法言语的时候。如果他们用话语告诉你他们很好，那么他们眼中的泪光则会告诉你他们内心的痛苦。如果他们允许，你可以让彼此的目光交汇，透过他们的眼神去拥抱他们，然后用你的眼神告诉他们你不愿他们独自承受悲伤。

还要注意的是，如果你希望对那些处于悲痛中的人全然在场，有些事是不能做的。比如，你不能装出软弱的样子，也不能假装痛苦来安慰他们或让他们觉得你很关心他们。如果你真心地与他们同悲，你真诚的泪水可以让他们坦然面对自己的哀痛，并打破他们“必须坚强、不能哭泣”的心理预期。但你坦白自己不知所措，或者哭泣，都必须是发自内心的。如果你希望对他们全然在场，就不能有任何伪装。

你也不能让他们的悲痛压垮或吞噬自己。你需要对他们全然在场，但又不能让对方感受到压力。你不希望让他们还要照顾你，而是希望他们能以对自己有解脱作用的方式去哀悼。重要的是，要表现出你对他们处于巨大痛苦之中这一事实有所回应，同时不要让自己受他们的悲痛所左右。有太多哀悼者因那些好心却不能恰当地处理自己悲痛的朋友而承受了额外的负担。

此外，如果你希望做到全然在场，就不要去评判丧亲者的言行。当我们帮助他们的努力未能奏效时，我们要做的不是袖手旁观和关注他们缺乏进展的一面：“天哪，她还处于愤怒阶段。”“他怎么还走不出抑郁阶段。”“我无法判断他们是否已经进入接受阶段，还是仍困在否认阶段。”我们必须接纳他们本来的样子，用我们的同情和理解来宽待他们。他们需要朋友坦率而温柔地对待他们。他们最不需要的就是评判、建议或批评。

在各种悲痛的情境中，如果你已经接受你已受到接纳，你或许更容易做到全然在场。在这些极度痛苦的时刻，人们总是忍不住故态复萌，试图表现得坚强，或者向悲痛中的朋友表现自己多么有帮助。如果无条件的爱能让你感到安心，你就能更轻松、更自然，也更能避免做出无益之举。

除全然在场以外的支持

适度的身体接触有助于培养亲密感和促进治愈，还能表达你温暖的关怀。有时，长时间的紧紧拥抱是合适的，这种拥抱可以让对方在你拥抱他们时放松下来并哭出来。当你静静地倾听他们诉说时，坐在他们身边握住他们的手可能更适合你们的关系。不过，你不应强行地接触对方。你的目的不是在那一刻营造出并不存在的亲密感，也不是强迫他们去哀悼。事实上，不恰当的身体接触可能会让他们感到困惑和不舒服。你要做的是对他们愿意接受什么保持敏感，并通过最轻柔的动作和最细微的肢体语言来表明你会提供的支持。如果你对他们如何理解你的身体接触感到不安，那就暂时搁置这个想法，不要为此而担心。

虽然眼神交流、专注的倾听和适当的身体接触是你最初的支持方式，但可能有时还需要说上几句支持性的话。但该说什么呢？你可以告诉他们你的感受。如果你感到尴尬，并且这种尴尬妨碍了你对他们全然在场，你可以说："我对你正在经历的痛苦感到非常难过，但我现在感到有些尴尬，不知道该说些什么。"如果你因为害怕说错话而感到紧张，可以这样说："我担心自己说错话，但如果你希望我陪着你，我很愿意这么做。"

事实上，这里有很多事情是你无法控制的，承认这一点通常是有帮助的。如果可以的话，分享你自己的悲痛经历也会有帮助。多年来，那些用话语给予我最大支持的人，不是那些告诉我该做什么的人，也不是那些用他们所知道的东西给我留下深刻印象的人，而是那些在我痛哭流涕时给予我拥抱并倾听我的人。他们可以坦诚地分享他们面对自己的悲痛和我的悲痛时的脆弱。也许你可以这样说："我对你正在经历的一切感到非常难过。"或者"一想到你失去了亲人，我就非常难过。"

要想超越仅仅暴露自身局限性这一层面，你可以设想一下，如果你处于他们的位置，你还希望听到什么样的支持性话语。回想一下自己曾陷入痛苦的时候，找出当时别人做了哪些对你有帮助的事。如果你能察觉到他们所流露的情感线索，这也会有帮助。同样，用表达共情的话语来反映你对他们感受的接纳总是具有治愈作用的。你可以参考以下方式来说出支持性话语：

- 当你感受到他们所承受的巨大**悲伤**时，你可以说："这一定非常痛苦。"
- 一旦你听出他们声音中的**愤怒**，你可以说："我不怪你。换成我，我也会生气。"

- 如果你察觉到他们有**负罪感**，你可以说："你已经尽力了，没有人可以做到完美。"
- 如果你感觉到他们对未来的**恐惧**，你可以说："经历这一切一定很可怕。"
- 当他们显得**困惑**时，你可以说："在这种时候，每个人都会感到迷茫。"
- 在几乎任何**痛苦的情境**中，你都可以说："这对你来说一定很难吧！"

如果你实在找不出合适的话语，那么最明智的做法就是什么都不说，继续通过你的沉默、肢体语言、眼神或身体接触来表达你的感受。专注的陪伴也许是你能做的最好的事情，而这对于帮助丧亲者治愈自己会有不小的促进作用。

还要记住，各种生活琐事也可能干扰和打断他们的哀悼过程。你可以留意他们可能需要哪些实际的帮助，并主动提出帮助他们解决一些小烦恼，比如买菜、做饭、打电话、开车去殡仪馆，以及照顾老人或孩子。

注意，告诉他们："如果你有任何需要，请随时给我打电话。"这种话存在问题。你不妨这样说："或许我能帮你做点什么。"试着设身处地想一想，他们可能需要什么样的帮助，然后问："你想让我帮你联系某个人吗？"离开的时候，你或许可以这样说："请告诉我你觉得我或许能够做的事情，我会给你打电话，或者你也可以打给我。”如果你的自身情况不允许你长时间陪伴他们或后续跟进，那么说一句：“很抱歉，我不能做得更多了。”可能会有帮助。

有时你会不确定对方需要什么，这种不安可能会妨碍你对他们全然在场。如果你开始感到焦虑，可以直接把话说开：“我做这个或那个会不会有帮助？你希望我留下，还是希望我走？”不必站在那里为对方需要什么而烦恼。你可以直接问。

为了给当下的情境注入一份温暖与美好，你可以送给处于悲痛中的朋友一些他们可能会喜欢的东西：一束鲜花、一盆绿植、一顿暖心的饭菜，或一份甜点。你还可以通过赠送一本书、一幅画，或一件你亲手制作的礼物，来让他们感受到你的关怀。大自然、艺术、食物与饮品——这些都可以成为慰藉心灵、滋养身心、带来力量的源泉。

在如此痛苦的时刻，就像在任何时候一样，当你以实际的方式向朋友表明你可以分担他们的痛苦，并且仅仅因为他们本来的样子而关心他们时，你就会为他们提供最具治愈力的支持。

丧亲者正经历着他们人生中最沉重的打击，他们需要按照自己的节奏去哀悼。如果能让他们充分且公开地表达悲伤，他们通常会按照自己的时间节奏和方式完成这一过程。我们所能做的是尊重他们的时间节奏，而非催促。当他们感受到的是我们的耐心与关爱，而非控制与施压时，他们才能真正开始慢慢恢复。临床研究表明，允许个体遵循自身的节奏，有助于促进疗愈与心理健康。相反，如果我们为他们设定时间限制，他们可能会选择压抑负面情绪，而这些被压抑的情绪不仅会削弱他们正常生活的能力，最终甚至可能对他们的身心健康造成损害。

当人们承受丧亲之痛时，他们并不会立刻失去对逝者的感知。逝者会在一段时间内继续占据他们的思绪，仿佛只是外出度假，仍然活着。因此，随着时间的推移，与其陷入一种善意的沉默共谋，不如鼓励丧亲者回忆逝者，回想他们所爱之人的优点和缺点，重温那些忧伤和快乐的时光。如果你认识并欣赏逝者，不妨时不时地与丧亲者分享你的记忆和失落感："前几天我想起了弗雷德，想起他总是自嘲。我仍然很想念他。"以一种肯定的方式提起他们所爱之人，有助于他们接受和适应这一痛苦却重要的现实。

重述死亡前后的情况和细节是人们哀悼和处理悲痛的另一种方式。当然，这种回忆通常会在追悼会或非正式聚会中进行，人们在那里分享记忆和感受。但如果处理得当，一对一的回忆也能在帮助他们走向解脱和完全接受死亡方面发挥作用。

同样重要的是要认识到，悲痛的过程通常比表面上看起来持续的时间更长。当然，对于丧亲者来说，有些日子会比其他日子更加难熬。随着时间的推移，当某个节日、生日或祭日临近时，给他们打一个充满共情的电话可能会带来慰藉："我想接下来的几天可能会很难熬。只是想让你知道，我在想着你。"

当然，如果你的朋友始终无法走出悲痛，你感到担忧是理所应当的。当一段漫长、阴郁的哀伤期没有结束的迹象，而且丧亲者自己也对恢复缓慢感到沮丧时，你可以让他们考虑寻求专业咨询师的帮助，或加入丧亲支持小组。但请记住，我们的社会普遍期望生者过快地从悲痛中走出来。他们的朋友往往期望他们在三到六个月内从亲人的突然离世中恢复过来，而专家告诉我们，一年或两年时间更为现实。而且，当生者在心理和情感上都依赖于逝者时，逝者缺席的存在可能需要几年的时间，才能在他们的意识中不再占据那么突出的位置。关键是要设定一个现实的时间框架，不要仅仅因为他们的悲痛让你感到不舒服，就给他们施加压力。

支持性做法总结

通过全然在场，你可以支持那些处于悲痛中的人。作为这个承诺的自然延伸，你还可以：

- 提供符合当时情境和你们关系的身体接触。
- 对他们的丧失和痛苦表达共情。
- 主动协助他们解决实际问题。

- **在自己感到尴尬时，把话说开。**
- **尝试以合适的形式为他们带来美好或慰藉。**
- **鼓励他们按照自己的节奏进行哀悼。**

每一次面对悲痛都是一场挑战，因为它受其社会背景、发生时机、当事人的性格、细微差别、不可预测因素、情感胁迫，以及个人需求的影响。因此，正如应对所有动态过程一样，你需要敏锐地适应每一种情况，根据你所察觉到的能提供慰藉和治愈的东西来摸索前行。如果丧亲者陷入极度抑郁或情绪失控，甚至有伤害自己的倾向，那么提供暂时性的保护可能是必要的，在某些情况下，联系医生或警方也是合适的。然而，通常来说，你最好将保护降到最低限度，并**最大限度提供支持**。

三点补充

1. 保护孩子

善良的人往往会过度保护孩子。我们通常不会与他们谈论有关死亡和临终的话题。因为我们害怕这会吓到他们，更害怕给他们带来伤害，让他们难过、哭泣。因此，当有人去世时，我们常常会让孩子回避，或者压低声音交谈，以免他们听到这个令人痛心的消息。

当我们必须告知他们时，我们会采用与对待成年人相同的手段来保护他们。我们摆出坚强的姿态，给出建议，使用委婉语，以及讲一些在这种场合常听到的陈词滥调。我们以这种方式否定孩子的痛苦，而这往往会让他们感到困惑。这也让他们与我们疏远，并且无法面对已经发生的残酷事实：

一个9岁的小女孩最喜欢的叔叔死在了手术台上。她得知自己再也见不到他了。这个消息令她崩溃。她想哭、想叫，但她周围的所有大人都在强忍悲痛，谁也没有对她说点什么，包括她的父母。在这个过程中，她从未看到他们中的任何一个人哭泣。她不禁疑惑，自己到底哪里不对劲，竟会感到如此强烈的悲伤和愤怒。

就像成年人一样，孩子也需要以治愈的方式来回应亲近之人的离世。如果可能的话，在死亡发生之前，我们可以向他们透露一些情况的严重性，这会对他们有帮助。例如，当他们亲近的人病危且即将离世时，你可以提前让他们做好心理准备。每当你把亲人的死讯告诉孩子时，话语最好简短、简单、直接、客观以及诚实。尽量用基本的生理学术语来向他们解释：

“正如你所知，弗雷德叔叔患了癌症，病得很重。医生们尽了最大努力想让他康复，但一段时间下来，他们也无能为力了。弗雷德叔叔的身体再也无法抵抗病魔，所以他去世了。我们对此都感到非常难过，而且我们会非常想念他。”

由于孩子难以理解死亡的含义，再加上他们所经历的震惊和痛苦可能让他们感到困惑，你或许需要多次重复你的话来帮助他们理解。给予他们足够的空间去哭泣、表达感受并提出问题也很重要。如果他们长期依赖于逝去的亲人，他们可能会反复寻求安慰，因此需要不断地向他们保证，其他成年人会一直陪伴在他们身旁，对他们的关爱也不会因此而停止。

过度保护孩子并不能真正帮到他们。相比之下，他们更需要你的全然在场和体贴的支持，让他们能够以自己的方式去悲伤和哀悼。孩子的悲痛过程可能比成年人更缓慢，表达方式也有所不同，通常只在特定时刻或在让他们感到安全的人面前显露出来。然而，他们确实会经历悲痛，而他们的防御机制则会让他们仅承受自己在当下能够承受的事情。七岁以下的孩子尤其如此，他们会以自己的方式去理解所发生的事情，并仅吸收他们能够处理的部分。为了扩展他们的哀悼体验，他们可能希望参加家里的悼念仪式。但如果你不强迫他们这样做，也不让他们因选择不参加而产生负罪感，你才真正帮到他们。

当然，有时年龄稍大一些的孩子会立刻明白亲人离世的意义。他们会深感痛苦，变得心烦意乱。当父母中的一位离世时，他们往往会经历双重丧失：父母中的一位离世，另一位沉浸在极度悲痛之中。如果死亡是由谋杀、自杀、灾难或悲惨的意外事故造成的，尤其是当涉及另一个孩子时，孩子会特别容易感到困惑、焦虑和恐惧，需要格外加以关注。你可以帮助他们明白，这种死亡是不常见的，并且如果是这种情况，让他们知道自己是安全的、有保证的。

有一次，一位充满关爱的奶奶来找我。她的儿子前一年因喉癌英年早逝。她已经充分地悲伤和哀悼过了，但现在她为她的孙子而忧心忡忡，这个孩子似乎变得越来越困惑和孤僻。她觉得他可能担心自己是否遗传了这种疾病。我们谈到了他们需要交流，也谈到了孩子需要安全感。我告诉她可以对他说："你爸爸死于一种罕见的肿瘤，我们都很想念他。但他得了这种肿瘤，并不意味着你也会得。你的妈妈、爷爷和我都很爱你，会一直照顾你直到你长大。"他们在这样交谈之后关系更亲密了，他也变得越来越开朗。她常常在谈到他父亲时以"你感觉还好吗？"结束，而他总是回答："是的，奶奶，因为我感到很安全。"

当孩子的亲近之人去世时，为了支持他们，你要告诉他们真相，但解释应尽量简短。倾听他们的感受，如果他们表现出担忧自己的安全，你要给予他们所需的保证。如果经过一两个月，他们没有任何情绪流露，或者仍然过度悲伤，你最好寻求专业咨询。

无论孩子的悲痛有多么沉重，他们都能从中走出来，就像成年人一样。当一个对于他们的安全感有着重要影响的人离世之后，你要做的是给予他们支持，让他们按照自己的节奏来处理感受，并接受这一丧失。这意味着家人和其他关爱他们的成年人要倾听和接纳他们的感受。如果你和其他关爱他们的人一起给予他们支持，他们就能直面自己的悲痛，以健康的方式哀悼，并最终在这一过程中成长、成熟。

关键在于要让孩子能够处理丧失，以免压抑这种痛苦，而给他们今后的生活带来破坏性影响。在亲人离世后的日子里，如果你能帮助他们做到这一点，那么他们就能更好地应对今后人生中大大小小的各种令他们悲痛的事件。

这里的教训是：保护孩子免于悲痛是个错误；支持他们走出悲痛则是送给他们一份美好的礼物。

2. 当你不得不传达不幸的消息时

有时，你必须告知他人，他们的某个亲近之人已经去世。具体情形会决定你何时、何地、以何种方式向他们传达这个不幸的消息。你可能需要让他们前往死亡发生地。在你可选择的范围内，挑选最合适的时间和地点来传达。如果可能的话，尽量当面告知，而不是通过电话，尤其是当你要告知的人独自一人，或者你预感这个消息可能会给他们带来极大的打击时。

身边有一个和你一样了解所发生事情的人或许会有帮助。如果你可以安排，就花几分钟时间来一起理清头绪。不同于之前提到的情况——当你到达时对方已得知，因此需要暂缓开口，而在这种情况下，你必须先开口。决定由谁来传达这个消息，并商讨如果丧亲者情绪崩溃或失控该如何应对。最后，回顾一下你们所了解的情况，确保彼此对事件的理解一致，并核实所有事实是否准确无误。

设想一下，一个同事在某个工作日下午突然去世，大家试图通过电话联系其配偶和家人，但由于某些原因联系不上。你与同事决定前往其家中，将此事告知家属。你可能希望以这样的话语开场：

> “我们需要和您谈几分钟，我们可以坐下来说吗？”
>
> 或者，
>
> “我们可以进来吗？我们是弗雷德的同事，有个事情需要和您谈谈。”

等大家坐下来之后，你可以告诉对方你感到很难过，你带来了一个不幸的消息，并尽快切入主题。他们想知道一些重要细节，比如发生了什么、事发地点和时间、当时有哪些人在场、其他人做了什么、遗体在哪里，以及通知了哪些人等等。以下是一个示例：

> “我们无比难过地告诉您，今天下午3点左右，弗雷德在他的办公室里昏倒了，并且显然当场就去世了。（此处，你可能需要暂停一下，试着感受对方是否能够接受这个消息。）我们拨打了急救电话，但急救人员赶到时，他已经没有了心跳。他们已经把他的遗体送往医院，并希望您在觉得自己准备好时过去。”

记住，这样的打击可能会让家属哭起来或打断你的话："肯定弄错了！"或"你们一定搞错了！"或"不，这不可能是真的！"对此你不必纠正他们，而是保持沉默，让对方逐渐接受这个残酷的事实。（如果是意外死亡、自杀、谋杀或是涉及儿童或青少年的死亡，他们的亲人可能会极度震惊，甚至精神崩溃。）尽力感知他们内心的感受，并根据你认为他们能够承受的程度提供信息。经过一阵痛哭，并走出最初的震惊之后，他们可能会有很多问题要问。倾听他们想知道什么，每次回答完一个问题，就给他们留出情感空间，让他们提出下一个问题或表达自己的感受。

对于他们提出的问题，如果你无法做出回答，应当诚实地告诉他们你不知道。然后，如果他们的问题合理，并且如果你愿意的话，可以主动提出帮忙寻找答案。回答完他们的问题，如果他们仍然感到困惑，你可以尝试预测他们的顾虑，帮助他们确定可选方案，并提出可能的行动方案供他们考虑。

从一开始，你就要践行我们前面所说的全然在场和提供支持。最后，当你不得不离开时，根据他们所表达的需求或对他们可能采取做法的判断，你可能需要确保有人能作为支持者留下来，在一段合理的时间内陪伴他们。

3. 当解脱冲淡了悲痛时

随着医疗技术的不断进步，许多患者的生存期显著延长。然而，这也意味着部分老年人在生命的最后阶段，可能会长期受到使他们衰弱的疾病的折磨。在这种情况下，他们的家属所经历的情感历程与那些因亲人早逝或突然离世而悲痛欲绝的家庭有所不同。通常，在老人去世前，家属们已经历了否认、愤怒、祈求和抑郁等一系列复杂情绪。当最终时刻到来时，他们或许不会感到极度悲痛，而更多感受到一种解脱，并准备好庆祝老人痛苦的终结，以及老人去世对家庭的意义。

这些生者往往经历了极度煎熬的等待和痛苦的抉择，因此，他们确实有理由感到解脱。他们可能曾经不得不与医生一起目睹亲人在这条模糊却重要的界线上来回挣扎。这条界线**一边是延长生命，另一边则是延缓死亡**。另一条令人无奈却往往必须面对的界线分隔的是，**何时治疗因治愈疾病而被证明合理，以及何时治疗会变得比疾病本身更加糟糕**。在这些令他们心碎的日子里，他们可能眼睁睁地看着父母或朋友逐渐失去记忆、失去交流能力、失去各种身体机能、失去尊严，甚至失去生存的理由和意愿。

仅仅因为亲人的离世而感到自己获得解脱，这样的丧亲者可能会发现自己很难接受这种丧失。然而，重要的是要认识到，他们同样会受到负面情绪的困扰，特别是负罪感。成年子女可能会因为没有照顾父母而感到内疚，或者因为不得不照顾父母而感到愤怒。对于自己抚养孩子的时间受到占用，对于自己想获得解脱的心情，对于自己想恢复正常生活的愿望，他们可能都有着非常强烈的各种感受。长期照顾处于生命最后阶段的亲人，往往会让他们遭受复杂的情感困扰。日复一日，他们很快就会觉得自己再也无法忍受，而随后又会对此感到内疚。你所要给予的支持就是帮助他们原谅自己，并放下负罪感。你可以留意他们表现出负面情绪、困惑和内心冲突的迹象，然后表达共情：

> “你因为父亲去世而感到解脱，却又对此感到很内疚，这让我感到很难过。在我看来，感到解脱是很正常也很自然的，毕竟你已经历了一段漫长而艰难的时光。”
>
> 或者，
>
> “我不会因为你感到纠结而责怪你。面对这种情况，我们确实不知道该怎么做，但你已经尽力了。”
>
> 或者，
>
> “我想不出有谁不会因此而深深地感到解脱。换成我，也会如此。”

这类回应可能会让他们无须担心批评，从而自由地表达感受。除此之外，你要做的就是对他们全然在场，并遵循本章的基本指导原则。

作为一个善良的人，当你认识的人必须经历丧亲之痛时，生活迟早会召唤你去陪伴他们。也许陷入悲痛的是孩子。也许你要向一位好友传达不幸的消息。也许你要面对那些痛苦更多源自解脱与内疚交织的矛盾感受而非丧亲本身的人。你无法将这些人从痛苦中拯救出来，而且你这样做并不符合他们的最大利益。但是，如果你放弃保护他们，对他们全然在场，愿意通过采取我所描述的那些充满关爱的实际步骤去接近他们，你就会让他们感受到你对他们的支持。如此一来，你会感到自己作为一个人更加真实，你们的关系变得更加深厚、稳固，你会对自己在关怀他人方面所做的努力更加满意。

而且，你将仍然是一个善良的人。

作者的话

AUTHOR'S NOTE

在阅读本书的过程中，你已经明白如何摆脱九种错误的行为模式，以及如何采用健康的替代行为模式。或许你已经摒弃了一些旧的行为模式，现在能够自信地践行新的行为模式。然而，可能仍有一些旧的行为习惯阻碍着你。即使你做了最大的努力，它们仍然需要时间去改变，过程可能充满挑战。有时候，个人的改变会通过意想不到的转变而突然发生——在某个瞬间，你获得了新的顿悟。这就像你快步走进一间明亮而温暖的房间，尽管你从未来过这里，却让你感到无比熟悉。但更多时候，改变是一个缓慢的过程，需要依靠你的意志力去稳步推进。这就像是一场漫长的人生旅程，你在寻找家园的道路上，一步步艰难前行。但走向成熟的改变无疑会充实你的人生。

那么，在这个变化过程中，你现在处于什么位置呢？现在是做出盘点的好时机。你可以从下面的选项中把你已经采取过的步骤标记出来。然后，将那些你尚未采取但想要采取的步骤依次编号，在页边空白处注明你希望完成这些步骤的时间节点。

( )接受自己本来的样子，而不是试图赢得别人的接纳。

( )均衡管理自己的生活，而不是把自己累垮。

( )勇于表达诉求，而不是压制自己的正当利益。

( )创造性地表达愤怒，而不是压抑它。

( )在遭受攻击时，做到倾听和共情，而不是自我辩护。

( )当他人让我失望时，我尝试恰当地坦诚相告，而非撒谎。

( )向他人提供信息，而非给出建议。

( )鼓励我们所爱之人自救，而非拯救他们。

( )支持那些处于痛苦中的人，而非保护他们。

如果你是一个典型的善良的人，即使采用新的行为方式，你也可能又走回老路，就像我一样。你不必为此而感到气馁。我们最初学习走路时，会撞到东西，而且经常摔倒，但我们从未想过要停止尝试。你可以将其视为一种进步，因为你现在已经能意识到自己的错误，并拥有创造性的方法来做出应对。

每当故态复萌时，我会首先原谅自己。接着，我会思考如何在下次遇到类似情况时，避免犯同样的错误。我发现成长是一种令人着迷的挑战。我也用这种对错误的觉知来提醒自己：我还活得好好的，向错误学习很重要，以及我的觉知和我对走向成熟的决心，都表明我正在成为自己需要且希望成为的人。

我发现定期提醒自己各种不同的替代行为非常有帮助。早上我常常告诉自己："你今天不需要做到完美。"有时我会提醒自己，这一天，我可能需要拒绝某个请求或把某项任务委派给别人。我在制订每周的日程表时，会确保安排一些减压和恢复精力的时间。而且，我总是努力安排好当下和长远的愉悦时光，来让自己有所期待。

我还为可能承受压力的遭遇做好心理准备。当我认为自己将面临难以表达自己诉求的情境时，就会复述第107页至第110页表达自我坚定的话语。这样做不仅总能使我消除焦虑，而且在关键时刻我能清晰、从容地表达自己的诉求。如果我觉得自己会遇到一个总是让我生气的人，我会回顾第138页至第148页的相关内容。如果我要面对处于悲痛中的人，我会提前思考自己需要集中精力做什么：静静地倾听，在他们表达痛苦时给予共情，进行适当的身体接触，预见我可以帮助他们解决的实际问题，等等。

充分利用本书

这本书可以成为你新的行为手册。每当你在某个特定错误上遇到困难时，你可以回顾相关的章节。

- 当你试图证明自己或质疑自身价值时，前两章会提醒你，你是被爱的，而且在宏大的格局中，你的存在确实重要。
- 当你的感受被恐惧和愤怒所阻塞时，你可以回到第3章至第6

章的相关部分。那些内容会帮助你摆脱束缚，以建设性的方式表达自己的感受。

- 当你发现自己急于通过控制、拯救或保护朋友来让他们摆脱困境时，最后3章会让你重回正轨。

当有人因自己的善意而受挫，向你询问需要做出哪些改变时，你可以向他们解释你的选择，或指引他们阅读这本书。如果你已经领会了书中所讲的道理，你会满足于仅仅描述你的新行为，而不是没完没了地谈论自己的进步，或者建议他们应该阅读这本书。你会敏锐地意识到，没有人应该被那些自以为是的道德高尚者纠缠不休。

当然，当你掌握了一种替代行为时，就该为自己喝彩，最重要的是享受你所取得的进步。随着你在生活中越来越多地实现平衡，坦率地表达感受，并为那些对你重要的人提供真诚的支持，以这些经过整合且健康的方式生活将会变得更加自然，生活也会更加令你满意。

是的，经历这一切之后，你将仍然是一个善良的人。

致 谢

ACKNOWLEDGMENTS

本书中的一些观点来源于我在求学期间的思考，以及近40年来在阅读、教学、咨询和主持人类意识与行为研讨会中获得的智慧。其中一些来源我已经记不清了，而其他一些来源则记得格外清晰。“接受你已受到接纳”这一表述出自哈佛大学哲学家保罗·蒂利希（Paul Tillich）；第2章中一些观点源于时间管理专家阿兰·拉金（Alan Lakein），第4章中“我”的信息范式出自托马斯·戈登（Thomas Gordon）。第9章中“悲痛的五个阶段”由伊丽莎白·库伯勒·罗斯（Elisabeth Kübler-Ross）提出，保护和支持丧亲者的根本区别源自威廉·斯隆·科芬（William Sloan Coffin）。我承认自己受惠于这些富有创造力的思想者。

在整理书稿的过程中，我的同事们给予我极大的支持，特别是约翰·哈德赛尔（John Hadsell）的鼓励与点评，以及秘书朱迪·弗莱彻（Judy Fletcher）的高效配合。我还要感谢一个协作小组，他们在1992年与我探讨了书中所涉及的人类行为，并对初稿提供了宝贵意见。感谢所有在不同阶段审读书稿的朋友们，他们的支持与建设性批评都对我帮助巨大。

最后，我要特别感谢我的文学经纪人劳里·哈珀（Laurie Harper）和华纳图书公司的编辑苏珊·萨菲斯（Susan Suffes），她们的用心态度和专业技能使本书得以完善。还有许多我不知道姓名的人在本书的成型过程中提供了帮助，无论他们身在何处，我都由衷表示感谢！

编辑后记

EDITORIAL AFTERWORD

人人都渴望被善待，但并非人人都知道如何善待他人，因为表达善意并不像我们想象的那么容易。常言道，“好心办坏事”“好心没好报”，错误地表达善意往往会误人误己。在当代语境中，“善良”“善意”和“好人”这些词语，似乎在某种程度上被污名化，导致人们对如何正确地释放善意感到迷茫和困惑。

那么，如何既能正确地释放善意，又能从容做自己呢？

我们本能地渴望有人告诉自己到底怎么做才是对的。幸运的是，在这本书中，我找到了令自己满意的答案。刚开始读时，我不禁感到惊讶，因为这本书让我就像照镜子一样，直观地看到那些让自己作茧自缚的种种“善意”。每个普通人或许都能在这本书中看到自己的身影，找到自己内心困惑的根源，并获得正确的应对之道。

这本书的出版具有填补空白的意义。尽管该书的英文原著已经问世逾30年，但它可能依然是唯一一部系统阐述如何正确地表达善意的著作。与许多仅仅聚焦于善意可能带来的好处或伤害的书不同，作者从更高的视角出发，结合自己数十年的咨询经验和当代心理学的坚实理论，提炼出了一系列既实用又普适的策略。读这本书，你会觉得作者像在手把手地教我们如何与他人建立更加健康、有效的关系。

从心智成长的角度来看，这本书不仅能让读者更深入地了解自己，还能学会在尊重他人的同时，也尊重自己的内心，从而促进内心的成长与成熟。

作为编者，我相信这本书将为每一位读者带来启发和帮助。在阅读的过程中，我们每个人都会发现自己在人际交往中的盲点，并从中获得宝贵的心智成长。我希望这本书能够成为我们应对人际关系中的难题、提升自我、最终获得内心平静的重要指南。

本书的作者，杜克 · 罗宾逊先生，是迄今为止我遇到的最睿智的人之一。通过我们数十封邮件的交流，我深切地感受到他对书中理念的坚定践行。他的善良中带着棱角，而正是这种棱角促成了本书的顺利引进和出版。

本书的译者，浙江师范大学外国语学院的李艳老师，也对书中的理念深感认同。

本书虽经深度编校,但仍不免存在疏漏之处,尚祈读者诸君海涵指正!